# Programme canadien complet

## 1re année

Mathématiques

Français

Sciences sociales

Sciences

**Droit d'auteur © 2020 Popular Book Company (Canada) Limited**

Imprimé en Chine

ISBN : 978-1-77149-226-3

# Table des matières 1<sup>re</sup> année

## Mathématiques

## Français

## Sciences sociales

## Sciences

### Réponses

# Mathématiques

\* La pièce de 1 cent canadien n'est plus en circulation. Elle sert à représenter des sommes d'argent à la centaine près dans les unités.

# La comparaison

Je suis le plus grand.

- Comparer des tailles, des hauteurs et des longueurs de différents objets.

- Utiliser des mots tels que « plus gros », « le plus gros », « plus grand » et « le plus grand » pour décrire des objets.

Je suis plus petit que le chien.

## Colorie celui qui est plus grand.

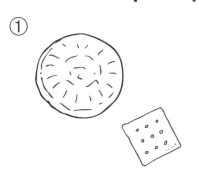

①

②

③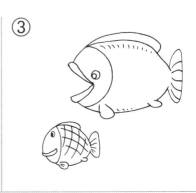

## Dessine les images.

④ une plus petite maison

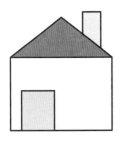

⑤ un plus grand papillon

⑥ un plus petit chat

## Coche ✔ celui qui est plus grand.

⑦ Ⓐ Ⓑ

⑧

⑨ Ⓐ Ⓑ

⑩ Ⓐ Ⓑ

⑪ Ⓐ Ⓑ
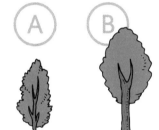

⑫ Ⓐ Ⓑ

## Colorie celui qui est plus long.

⑬
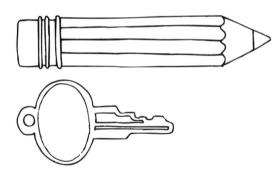

⑭

⑮

⑯

**Mets chaque groupe d'objets dans l'ordre. Écris les lettres.
Ensuite, réponds à la question.**

⑰

Du plus long au plus court :

_____

⑱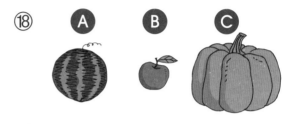

Du plus petit au plus grand :

_____

⑲

Du plus grand au plus petit :

_____

⑳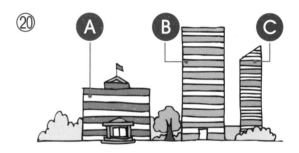

Du plus grand au plus petit :

_____

㉑

Du plus grand au plus petit :

_____

Qui a le nez le plus long?

_____

**Dessine un bracelet plus long et un autre de la même longueur que celui ci-dessous.**

㉒

**Regarde l'image.  Remplis les blancs avec les bons mots.**

plus longs
plus grands    les plus grands
plus courts    plus court
la même

㉓  Annie et Sarah ont _____ taille.

㉔  Les chaussons de Tom sont _____ que ceux d'Annie.

㉕  Les chaussons de Tom sont _____ .

㉖  Les cheveux d'Annie sont _____ que ceux de M^me Poulin.

㉗  Les cheveux de Tom sont _____ que ceux de Sarah.

㉘  Le train jouet est _____ que la corde à sauter.

**2**

# Plus sur la comparaison

- Comparer des largeurs, des épaisseurs et des poids de différents objets.
- Comparer nombre de différents groupes d'objets.

Je peux ouvrir la bouche la plus large.

## Colorie celui qui est le plus large dans chaque paire.

②

③ 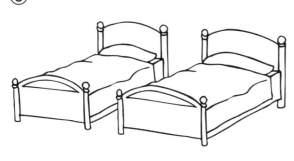 ④

## Complète les dessins.

⑤ une porte plus étroite   ⑥ une échelle plus étroite

 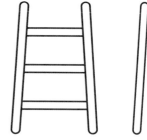

## Colorie celui qui est le plus épais.

⑦

⑧

⑨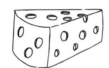

⑩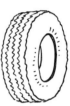

## Complète les dessins.

⑪ un sandwich plus épais

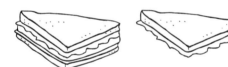

⑫ un hamburger plus mince

## Regarde les images. Remplis les blancs avec les lettres.

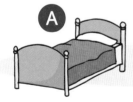  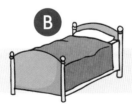  

⑬ Le matelas le plus épais : _____

⑭ Le matelas le plus mince : _____

⑮

> Je veux sauter sur un lit. Lequel est le meilleur pour moi?

_____

# 2

**Encercle ◯ celui qui est le plus lourd dans chaque paire.**

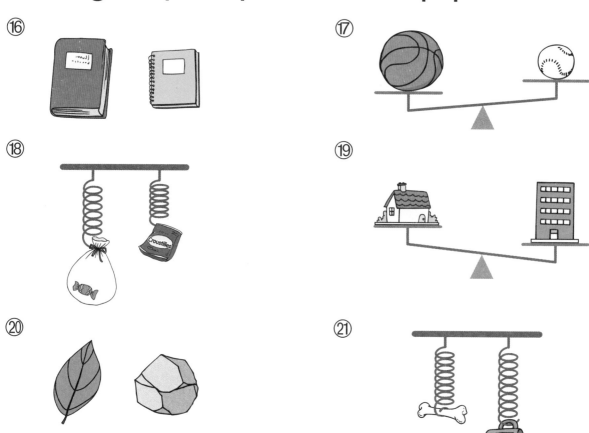

⑯  ⑰  ⑱  ⑲  ⑳  ㉑

**Regarde l'image. Encercle ◯ les bons mots ou la bonne image.**

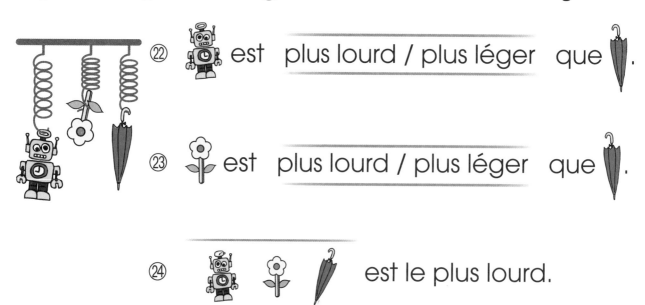

㉒ 🤖 est  plus lourd / plus léger  que ☂.

㉓ 🌸 est  plus lourd / plus léger  que ☂.

㉔ 🤖 🌸 ☂  est le plus lourd.

**Encercle ◯ le groupe qui a le plus d'objets.**

㉕

㉖

**Colorie le groupe qui a le plus d'objets.**

㉗

㉘

**Regarde les images. Réponds aux questions.**

㉙ Quel étang a le plus de poissons? _____

㉚ Quel étang a le moins de poissons? _____

㉛ Quel étang a plus de poissons que ? _____

# Ordonner et classifier

*Mes jouets*

- Mettre des objets dans l'ordre selon leurs tailles, leurs hauteurs, leurs nombres, etc.
- Trier des objets à l'aide de règles simples.
- Créer des règles pour mettre des objets dans l'ordre.

## Coche ✔ le groupe d'objets qui est dans l'ordre.

①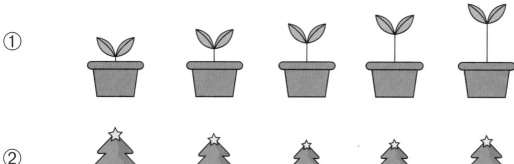

②

③

④

⑤

**Mets les objets suivants dans le bon ordre. Écris les lettres.**

⑥

Du plus court au plus long : _____ , _____ , _____ , _____

⑦

Du plus grand au plus petit : _____ , _____ , _____ , _____

⑧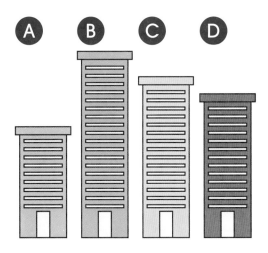

Du plus grand au plus petit :

_____ , _____ , _____ , _____

⑨

Des moins nombreux aux plus nombreux :

_____ , _____ , _____ , _____

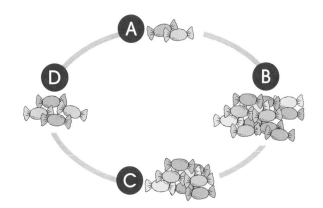

## Barre ✗ l'objet qui n'est pas dans le bon groupe.

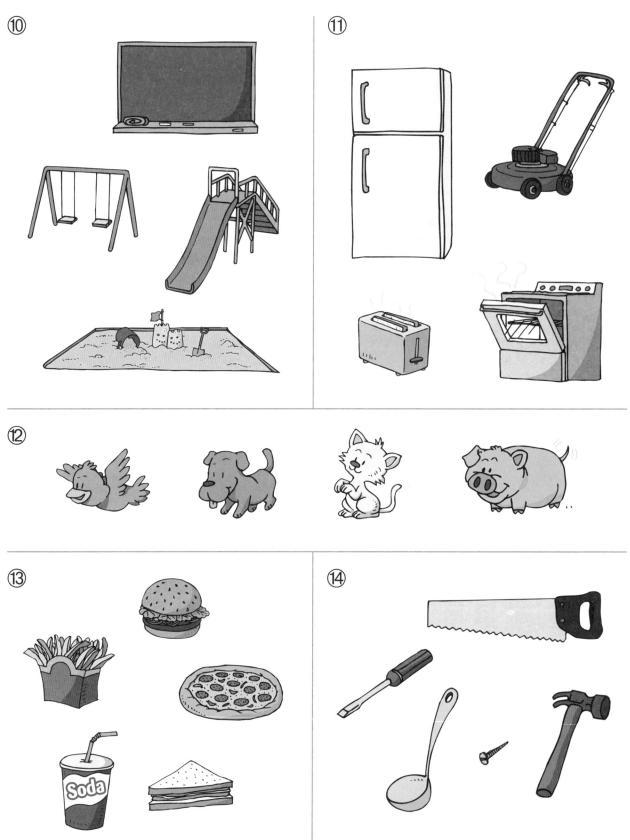

⑩

⑪

⑫

⑬

⑭

Lorsqu'on écrit la règle pour trier certains objets, il faut d'abord trouver attentivement une caractéristique commune parmi tous les objets. Il peut y avoir plus d'une façon de les trier.

p. ex.

 A

 B

 C

 D

Les outils : __A, C__

Les ustensiles : __B, D__

**Regarde les objects de chaque groupe. Écris une règle de tri. Ensuite, trie-les.**

⑮

⑯

# Les séquences

- Comprendre la séquence de certains événements de la vie quotidienne.

- Utiliser des nombres ordinaux pour décrire la position de personnes ou d'objets dans un groupe.

**Regarde les images. Mets-les dans le bon ordre. Écris les lettres.**

①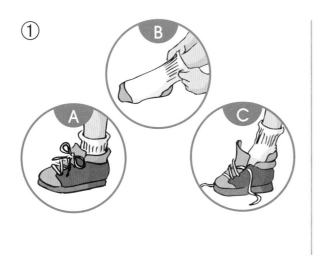

\_\_\_\_\_ , \_\_\_\_\_ , \_\_\_\_\_

②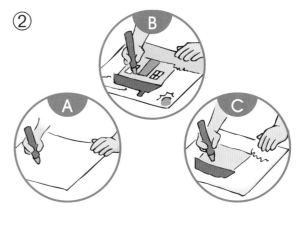

\_\_\_\_\_ , \_\_\_\_\_ , \_\_\_\_\_

③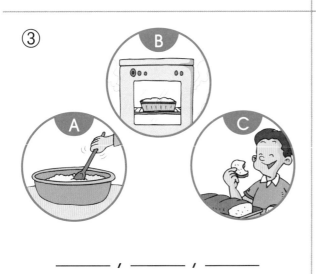

\_\_\_\_\_ , \_\_\_\_\_ , \_\_\_\_\_

④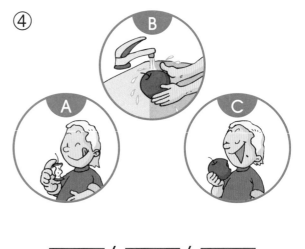

\_\_\_\_\_ , \_\_\_\_\_ , \_\_\_\_\_

**Mets les images dans le bon ordre. Écris les lettres. Ensuite, colorie l'image qui vient après.**

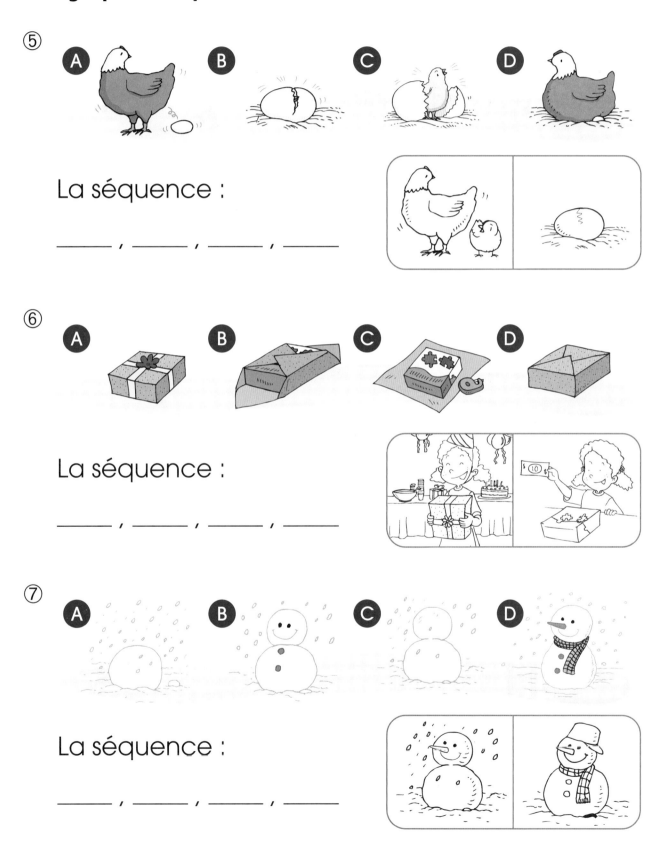

⑤

La séquence :

_____ , _____ , _____ , _____

⑥

La séquence :

_____ , _____ , _____ , _____

⑦

La séquence :

_____ , _____ , _____ , _____

**4**

**Regarde chaque groupe. Colorie le premier en jaune, le troisième en bleu et le sixième en rouge. Ensuite, trouve leur position.**

⑧

Cette pomme est la _____ .

⑨

La position du 🐟 : _____

⑩

La position du 🎈 : _____

⑪ La position du ⚽ :

_____

### Les nombres ordinaux :

Je suis le premier (1<sup>er</sup>) papillon.

| 1<sup>re</sup> | 2<sup>e</sup> | 3<sup>e</sup> | 4<sup>e</sup> | 5<sup>e</sup> | 6<sup>e</sup> | 7<sup>e</sup> | 8<sup>e</sup> | 9<sup>e</sup> | 10<sup>e</sup> |
|---|---|---|---|---|---|---|---|---|---|
| première | deuxième | troisième | quatrième | cinquième | sixième | septième | huitième | neuvième | dixième |

## Écris les nombres ordinaux en lettres.

⑫  5<sup>e</sup>  _____     ⑬  7<sup>e</sup>  _____

⑭  2<sup>e</sup>  _____     ⑮  8<sup>e</sup>  _____

⑯  1<sup>er</sup>  _____     ⑰  4<sup>e</sup>  _____

## Regarde les images. Écris les bons nombres ordinaux en lettres.

⑱

Je suis le _____ et tu es la _____ .

⑲

Tu as une chaîne d'aliments.
Le _____, le _____ et le _____ sont des saucisses.

# Les nombres de 1 à 10

- Observer les nombres de 1 à 10.
- Écrire les nombres en lettres.
- Dessiner ou barrer le bon nombre d'images pour correspondre à un nombre.
- Compter en avant ou à rebours à partir d'un nombre donné.

5 cadeaux

## Compte et écris les nombres.

①

②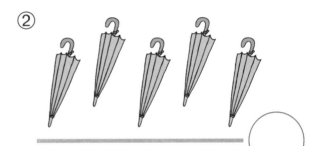

③

④

⑤

⑥

## Compte et écris les nombres en lettres.

⑦

_____ abeilles

⑧

_____ oiseaux

⑨

_____ crabes

⑩

_____ fleurs

⑪

_____ grenouilles

⑫

_____ bagues

## Écris le nombre qui vient après.

⑬ 5 _____        ⑭ 9 _____        ⑮ 2 _____

## Écris le nombre qui vient avant.

⑯ _____ 9        ⑰ _____ 4        ⑱ _____ 7

# 5

## Dessine 1 objet de plus dans chaque groupe. Ensuite, compte et écris le nombre.

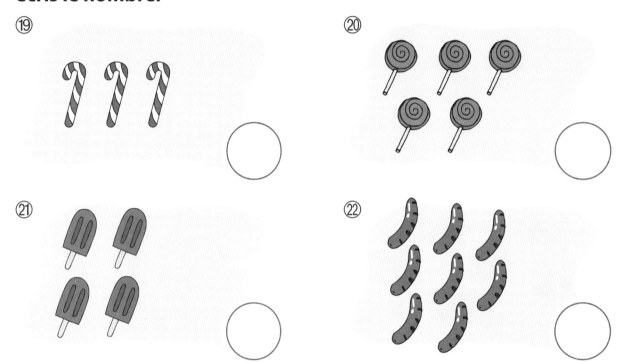

⑲  ⑳  ㉑  ㉒

## Dessine ou barre ✗ le bon nombre d'images selon les nombres donnés.

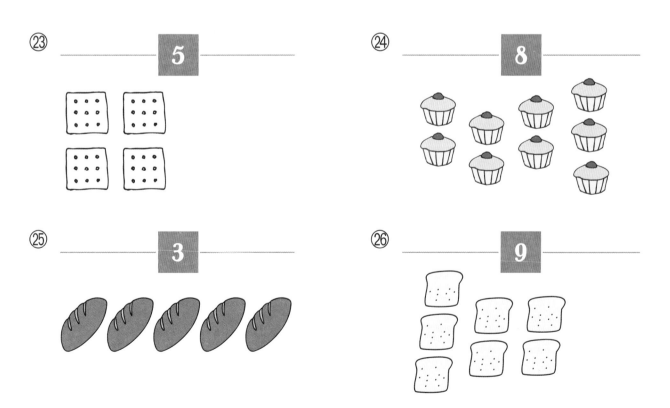

㉓ **5**   ㉔ **8**

㉕ **3**   ㉖ **9**

**De plus que :** signifie compter en avant

2 de plus que 5 est 7.

5  6  7

1  2

**De moins que :** signifie compter à rebours

1 de moins que 6 est 5.

4  5  6

1

## Écris les nombres manquants.

㉗ 1, 2, ____ , ____ , 5

㉘ 4, 5, ____ , ____ , 8

㉙ 7, 6, ____ , ____ , 3

㉚ 10, 9, ____ , ____ , 6

㉛ 5, ____ , ____ , ____ , 9

㉜ 8, ____ , ____ , 5, ____

## Colorie le bon nombre de cases.  Ensuite, remplis les blancs.

㉝ 1 de plus que 6 : ____

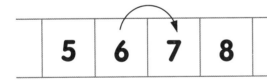

| 5 | 6 | 7 | 8 |

㉞ 2 de moins que 5 : ____

| 3 | 4 | 5 | 6 |

㉟ 1 de moins que 4 : ____

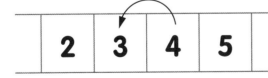

| 2 | 3 | 4 | 5 |

㊱

| 6 | 7 | 8 | 9 |

2 de plus que 7 est ____ .

**6**

# L'addition et la soustraction de 1

2 et 1 font 3. J'ai 3 yeux en tout.

- Ajouter 1 objet de plus dans un groupe et utiliser des mots pour décrire l'addition.

- Enlever 1 objet d'un groupe et utiliser des mots pour décrire la soustraction.

**Compte et écris le nombre d'objets dans chaque groupe. Ensuite, dessine 1 objet de plus et indique combien d'objets il y a en tout.**

① 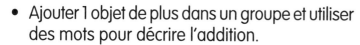 ◯    ⬤ 1   ▢ en tout

②  ◯    ⬤ 1   ▢ en tout

③ ◯    ⬤ 1   ▢ en tout

④ ◯    ⬤ 1   ▢ en tout

**Dessine le bon nombre d'objets pour montrer le total. Ensuite, écris les nombres qui correspondent à la quantité d'objets.**

⑤  et  font

_____ et _____ font          _____

⑥  et  font

_____ et _____ font          _____

⑦  et  font

_____ et _____ font          _____

⑧  et  font

_____ et _____ font          _____

**Compte et écris dans le cercle le nombre d'objets de chaque groupe.
Ensuite, barre ✗ un objet et indique combien il en reste.**

⑨  ( 7 )  🐸 🐸 🐸 🐸 🐸 🐸 🐸   [ 6 ] restent

⑩  ( )  🌸 🌸 🌸 🌸 🌸 🌸   [ ] restent

⑪  ( )  🚗 🚗 🚗   [ ] restent

⑫  ( )  〰🐛🐛🐛🐛🐛🐛🐛🐛🐛〰   [ ] restent

⑬  ( )  🐟🐟🐟🐟🐟🐟🐟🐟🐟   [ ] restent

**Barre X un objet de chaque groupe. Ensuite, remplis les blancs avec les bons nombres.**

⑭

Enlève ____ de ____ , il reste ____ .

⑮

Enlève ____ de ____ , il reste ____ .

⑯

Enlève ____ de ____ , il reste ____ .

⑰

Enlève ____ de ____ , il reste ____ .

⑱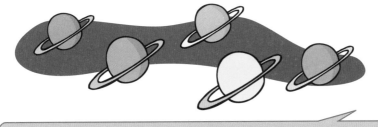

Enlève ____ de ____ , il reste ____ .

# L'addition et la soustraction jusqu'à 6

- Additionner et soustraire des nombres à 1 chiffre à l'aide d'images.
- Additionner et soustraire jusqu'à 6.
- Comprendre l'utilisation de « + », de « - » et de « = » pour décrire des problèmes d'addition et de soustraction.

J'ai 5 poissons en tout et j'ai un grand poisson de plus que les petits poissons.

**Dessine le bon nombre d'objets. Ensuite, complète les additions.**

① 2 de plus

3 et ____ font ____ .

② 2 de plus

2 et ____ font ____ .

③ 1 de plus

4 et ____ font ____ .

④ 3 de plus

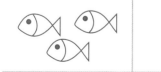

3 et ____ font ____ .

**Remplis les blancs avec les nombres qui correspondent aux images.**

⑤

$2 + \underline{\hspace{1cm}} = \underline{\hspace{1cm}}$

⑥

$\underline{\hspace{1cm}} + \underline{\hspace{1cm}} = \underline{\hspace{1cm}}$

⑦

$\underline{\hspace{1cm}} + \underline{\hspace{1cm}} = \underline{\hspace{1cm}}$

⑧

$\underline{\hspace{1cm}} + \underline{\hspace{1cm}} = \underline{\hspace{1cm}}$

⑨

$\underline{\hspace{1cm}} + \underline{\hspace{1cm}} = \underline{\hspace{1cm}}$

⑩

$\underline{\hspace{1cm}} + \underline{\hspace{1cm}} = \underline{\hspace{1cm}}$

**Dessine tes propres images selon les additions. Ensuite, trouve les réponses.**

⑪

$1 + 5 = \underline{\hspace{1cm}}$

⑫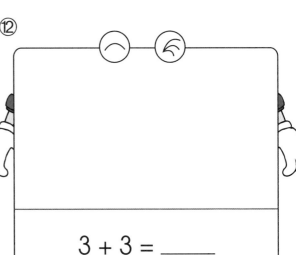

$3 + 3 = \underline{\hspace{1cm}}$

**Barre X le bon nombre d'images indiqué. Ensuite, complète les soustractions.**

⑬ Barre 1 poisson.

Enlève _____ de 3, il reste _____ .

3 – _____ = _____

⑭ Barre 2 poires.

Enlève _____ de 4, il reste _____ .

4 – _____ = _____

⑮ Barre 3 chats.

Enlève _____ de 7, il reste _____ .

7 – _____ = _____

⑯ Barre 1 arbre.

Enlève _____ de 9, il reste _____ .

9 – _____ = _____

## Les étapes pour résoudre des problèmes de mots :

**1ʳᵉ**   Lire le problème une fois.

**2ᵉ**   Souligner les mots-clés tels que « en tout » et « il reste ».

**3ᵉ**   Écrire une expression numérique.

**4ᵉ**   Trouver la réponse.

## Complète les expressions numériques selon les images.

⑰

_____ + _____ = _____

⑱

_____ – _____ = _____

⑲

_____ – _____ = _____

⑳

_____ + _____ = _____

## Aide le chat à résoudre les problèmes.

㉑ Il y a  et . Combien de poissons y a-t-il en tout?

_____ + _____ = _____

_____ poissons

㉒ *Combien de poissons reste-t-il?*

_____ – _____ = _____

_____ poissons

# 8

# L'addition et la soustraction jusqu'à 10

- Additionner et soustraire des nombres à 1 chiffre avec ou sans images.
- Additionner et soustraire jusqu'à 10.
- Effectuer l'addition et la soustraction verticales.

*Elle a 7 anneaux en tout.*

**Remplis les blancs avec les nombres pour qu'ils correspondent aux images.**

①

$$4 + \underline{\hspace{1.5cm}} = \underline{\hspace{1.5cm}}$$

②

$$\underline{\hspace{1.5cm}} + \underline{\hspace{1.5cm}} = \underline{\hspace{1.5cm}}$$

③

$$\underline{\hspace{1.5cm}} + \underline{\hspace{1.5cm}} = \underline{\hspace{1.5cm}}$$

④

$$\underline{\hspace{1.5cm}} + \underline{\hspace{1.5cm}} = \underline{\hspace{1.5cm}}$$

⑤

$$\underline{\hspace{1.5cm}} + \underline{\hspace{1.5cm}} = \underline{\hspace{1.5cm}}$$

⑥

$$\underline{\hspace{1.5cm}} + \underline{\hspace{1.5cm}} = \underline{\hspace{1.5cm}}$$

**Trouve les réponses à l'aide des images.**

⑦  3 + 5 = _____

⑧  4 + 2 = _____

⑨  6 + 1 = _____

⑩  5 + 5 = _____

⑪  3 + 4 = _____

⑫  8 + 1 = _____

⑬  7 + 2 = _____

⑭  2 + 3 = _____

**Dessine 10 pommes sur l'arbre. Ensuite, trouve les réponses à l'aide des pommes.**

⑮  4 + 5 = _____

⑯  3 + 1 = _____

⑰  2 + 6 = _____

⑱  4 + 4 = _____

⑲  5 + 2 = _____

⑳  1 + 9 = _____

㉑  3 + 3 = _____

㉒  2 + 4 = _____

㉓  5 + 3 = _____

㉔  1 + 6 = _____

**Remplis les blancs avec les nombres qui correspondent aux images.**

㉕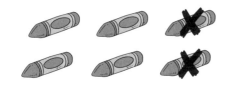

___6___ – ___2___ = _____

㉖

_____ – _____ = _____

㉗

_____ – _____ = _____

㉘

_____ – _____ = _____

㉙

_____ – _____ = _____

㉚

_____ – _____ = _____

**Trouve les réponses à l'aide des images.**

㉛  9 – 4  = _____

㉜  8 – 5 = _____

㉝  6 – 1  = _____

㉞  9 – 7 = _____

㉟  10 – 3 = _____

㊱  8 – 4  = _____

㊲  8 – 2  = _____

㊳  7 – 3  = _____

## L'addition et la soustraction verticales :

Ne pas oublier d'aligner les nombres **à droite**.

p. ex.

$$6 + 4 = 10 \quad ✗$$

$$6 + 4 = 10 \quad ✓$$

$$10 - 3 = 7 \quad ✗$$

$$10 - 3 = 7 \quad ✓$$

## Trouve les réponses.

㊴
$$\begin{array}{r} 5 \\ + \ 3 \\ \hline \end{array}$$

㊵
$$\begin{array}{r} 7 \\ - \ 4 \\ \hline \end{array}$$

㊶
$$\begin{array}{r} 9 \\ - \ 6 \\ \hline \end{array}$$

㊷
$$\begin{array}{r} 4 \\ + \ 4 \\ \hline \end{array}$$

㊸
$$\begin{array}{r} 6 \\ - \ 2 \\ \hline \end{array}$$

㊹
$$\begin{array}{r} 7 \\ + \ 3 \\ \hline \end{array}$$

㊺
$$\begin{array}{r} 5 \\ - \ 1 \\ \hline \end{array}$$

㊻
$$\begin{array}{r} 8 \\ + \ 1 \\ \hline \end{array}$$

㊼
$$\begin{array}{r} 10 \\ - \ 6 \\ \hline \end{array}$$

㊽

*J'avais 10 anneaux au début, mais maintenant je n'ai que ces anneaux. Combien d'anneaux ai-je perdus?*

$$\begin{array}{r} 10 \\ - \ \boxed{\phantom{0}} \\ \hline \boxed{\phantom{0}} \end{array}$$

_____ anneaux

# 9

## Plus sur l'addition et la soustraction

Il me reste 0 tasse de jus.

$4 - 4 = 0$

- Additionner et soustraire avec 0.
- Effectuer des additions et des soustractions jusqu'à 10.
- Effectuer des soustractions pour obtenir 0 comme réponse.
- Utiliser des additions et des soustractions pour résoudre des problèmes en mots.

**Trouve les réponses à l'aide des images.**

① 
$$\begin{array}{r} 3 \\ + 4 \\ \hline \end{array}$$

② 
$$\begin{array}{r} 7 \\ + 1 \\ \hline \end{array}$$

③ 
$$\begin{array}{r} 5 \\ + 2 \\ \hline \end{array}$$

④ 
$$\begin{array}{r} 5 \\ - 1 \\ \hline \end{array}$$

⑤ 
$$\begin{array}{r} 4 \\ - 3 \\ \hline \end{array}$$

⑥ 
$$\begin{array}{r} 9 \\ - 6 \\ \hline \end{array}$$

⑦ $2 + 6 = $ _____

⑧ $8 - 5 = $ _____

⑨ $4 + 3 = $ _____

⑩ $7 - 5 = $ _____

⑪ $5 + 4 = $ _____

⑫ $9 - 2 = $ _____

⑬ $3 + 2 = $ _____

⑭ $8 - 3 = $ _____

⑮ $4 + 5 = $ _____

⑯ $9 - 7 = $ _____

**Regarde les images. Complète les expressions numériques.**

⑰

$$6 + 0 = \underline{\hspace{1cm}}$$

⑱

$$\underline{\hspace{1cm}} + 0 = \underline{\hspace{1cm}}$$

⑲

$$7 - 0 = \underline{\hspace{1cm}}$$

⑳

$$3 - \underline{\hspace{1cm}} = \underline{\hspace{1cm}}$$

㉑

$$\underline{\hspace{1cm}} + 4 = \underline{\hspace{1cm}}$$

㉒

$$5 - \underline{\hspace{1cm}} = \underline{\hspace{1cm}}$$

**Trouve les bonnes réponses.**

㉓
$$\begin{array}{r} 9 \\ + \ 0 \\ \hline \end{array}$$

㉔
$$\begin{array}{r} 8 \\ - \ 0 \\ \hline \end{array}$$

㉕
$$\begin{array}{r} 6 \\ - \ 0 \\ \hline \end{array}$$

㉖ $1 + 0 = \underline{\hspace{1cm}}$      ㉗ $5 - 0 = \underline{\hspace{1cm}}$

㉘ $4 - 0 = \underline{\hspace{1cm}}$      ㉙ $0 + 7 = \underline{\hspace{1cm}}$

㉚ $3 - 0 = \underline{\hspace{1cm}}$      ㉛ $2 + 0 = \underline{\hspace{1cm}}$

## Regarde les images. Complète les expressions numériques.

③②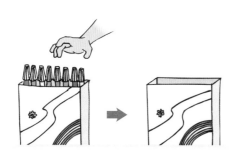

$$8 - 8 = \underline{\hspace{1cm}}$$

③③

$$5 - 5 = \underline{\hspace{1cm}}$$

## Trouve les bonnes réponses.

③④
$$\begin{array}{r} 3 \\ -\ 3 \\ \hline \end{array}$$

③⑤
$$\begin{array}{r} 4 \\ -\ 4 \\ \hline \end{array}$$

③⑥
$$\begin{array}{r} 6 \\ -\ 6 \\ \hline \end{array}$$

③⑦ $8 - 8 = \underline{\hspace{1cm}}$   ③⑧ $7 - 7 = \underline{\hspace{1cm}}$

③⑨ $9 - 9 = \underline{\hspace{1cm}}$   ④⓪ $1 - 1 = \underline{\hspace{1cm}}$

④①

*J'ai 2 os. Si j'en mange 2, combien m'en restera-t-il?*

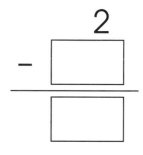

$$\begin{array}{r} 2 \\ -\ \boxed{\phantom{0}} \\ \hline \boxed{\phantom{0}} \end{array}$$

\_\_\_\_\_ OS

④②

*David le chien a 5 os. S'il me donne tous ses os, combien lui en restera-t-il?*

$$\begin{array}{r} 5 \\ -\ \boxed{\phantom{0}} \\ \hline \boxed{\phantom{0}} \end{array}$$

\_\_\_\_\_ OS

| « **+** » : signifie « ajouter » ou « plus » | Mots-clés pour l'addition : en tout, total |
| « **–** » : signifie « enlever » ou « moins » | Mots-clés pour la soustraction : moins, plus...que, il reste |
| « **=** » : signifie « égaler à » | |

**Résous les problèmes.**

㊸ Julie a 5 balles rouges et 2 balles vertes. Combien de balles Julie a-t-elle en tout?

____ ⊕ ____ = ____       ____ balles

㊹ M^me Green a 7 grandes pommes et 3 petites pommes. Combien plus de grandes pommes ont-elles que de petites pommes?

____ ◯ ____ = ____       ____ de plus

㊺ Il y a 4 garçons et 4 filles qui jouent dans le parc. Combien d'enfants y a-t-il dans le parc?

____ ◯ ____ = ____       ____ enfants

㊻

> *J'ai acheté 5 popsicles. Ils ont tous fondu. Combien de popsicles me reste-t-il?*

____ ◯ ____ = ____

____ popsicle(s)

# Les nombres de 1 à 20

- Observer les nombres de 1 à 20.
- Compter en avant ou à rebours à partir d'un nombre donné.
- Indiquer si un nombre est pair ou impair.

*J'ai 13 bleuets.*

## Compte et écris les nombres.

①

②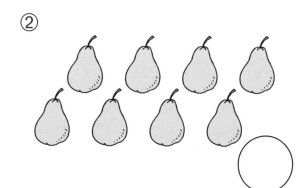

③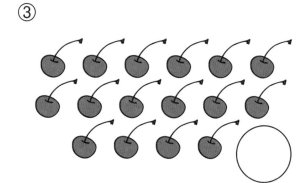

④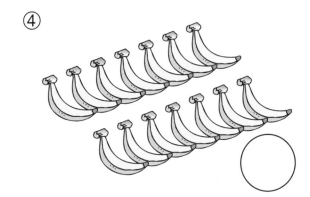

⑤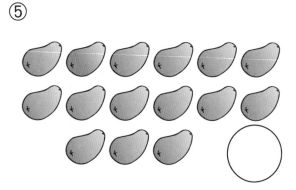

⑥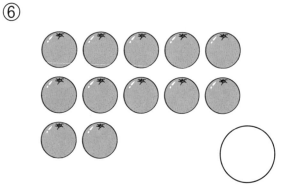

**Écris le nombre qui vient après.**

⑦ 15 _____   ⑧ 12 _____   ⑨ 19 _____

⑩ 13 _____   ⑪ 10 _____   ⑫ 16 _____

**Écris le nombre qui vient avant.**

⑬ _____ 9   ⑭ _____ 17   ⑮ _____ 12

⑯ _____ 16   ⑰ _____ 10   ⑱ _____ 5

**Écris les nombres manquants.**

⑲ 12  13  ___  ___  ___  17  ___  19

⑳ 19  18  ___  ___  15  ___  ___  12

㉑ 7  8  _____  _____  11  _____  _____  14

㉒ 9  8  _____  _____  5  _____  _____  2

㉓ 10  11  _____  _____  _____  15  _____  17

㉔ 16  15  _____  _____  _____  11  _____  9

**Mets les nombres dans l'ordre, du plus petit au plus grand.**

㉕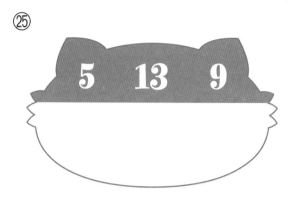

㉖

㉗ 4, 10, 8, 5        Dans l'ordre : _____

㉘ 3, 7, 11, 2        Dans l'ordre : _____

**Dessine des flèches sur les droites numériques. Ensuite, remplis les blancs.**

㉙ 2 de moins que 14 est _____ .

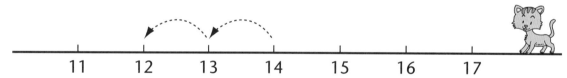

㉚ 3 de plus que 12 est _____ .

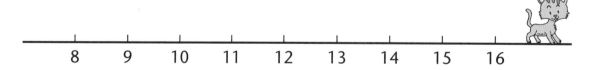

㉛ 3 de moins que 11 est _____ .

Il y a deux façons de déterminer si un nombre est **pair** ou **impair**.

- En faisant :

  Encercler des éléments par deux. S'il n'y a aucun élément restant, le nombre est pair, sinon il est impair.

- En regardant :

  Un nombre pair : se termine par 0, 2, 4, 6, 8

  Un nombre impair : se termine par 1, 3, 5, 7, 9

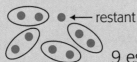 restant

9 est un nombre **impair**.

14 ← se termine par 4

14 est un nombre **pair**.

**Dessine le bon nombre de points qui correspond à chaque nombre. Ensuite, encercle ⬭ les points par deux et indique si le nombre est impair ou pair.**

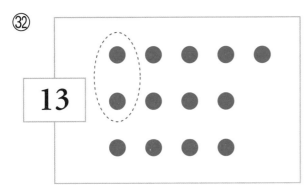

㉜ 13

㉝ 12

13 est un nombre _____ . 12 est un nombre _____ .

**Regarde le chiffre final de chaque nombre. Ensuite, colorie les nombres pairs en jaune et les nombres impairs en rouge.**

㉞

9  3  6  20

19  10  8  14  18  15

# Les nombres de 21 à 100

- Observer les nombres de 21 à 100.
- Comprendre la valeur de position de chaque chiffre d'un nombre à 2 chiffres.
- Comparer des nombres.
- Identifier si un nombre est pair ou impair.

2 dizaines et 7 unités font 27.

## Compte et écris les nombres.

①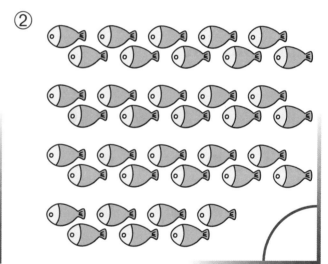

②

③

④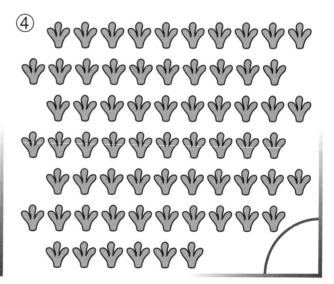

## Complète le tableau des centaines.

⑤

| 1 | 2 | 3 | 4 | 5 |  |  | 8 |  | 10 |
|---|---|---|---|---|---|---|---|---|---|
|  | 12 | 13 |  | 15 |  | 17 |  | 19 | 20 |
|  |  | 23 | 24 |  | 26 | 27 | 28 |  |  |
| 31 | 32 |  | 34 |  | 36 |  |  | 39 | 40 |
|  | 42 |  |  | 45 |  | 47 | 48 |  |  |
|  |  | 53 |  |  | 56 | 57 |  | 59 | 60 |
| 61 |  |  | 64 | 65 |  |  | 68 | 69 |  |
| 71 |  | 73 |  | 75 | 76 |  |  | 79 |  |
|  | 82 | 83 |  |  | 86 | 87 |  |  | 90 |
|  | 92 | 93 |  | 95 |  | 97 |  |  | 100 |

## Écris le nombre qui vient après.

⑥ 56 _____          ⑦ 72 _____          ⑧ 89 _____

## Écris le nombre qui vient avant.

⑨ _____ 94          ⑩ _____ 67          ⑪ _____ 40

## Écris les nombres manquants.

⑫ 64  65 _____ _____ 68  69 _____ _____ 72

⑬ 88  89 _____ 91 _____ _____ 94 _____ 96

⑭

44  43     41              37

## Compte et écris les nombres.

⑮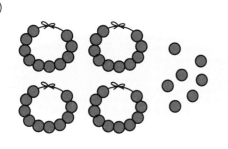

| Dizaines | Unités |
|---|---|
|  |  |

= ____ dizaines et ____ unités

= ____ + ____

⑯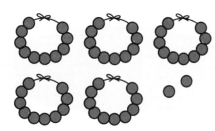

| Dizaines | Unités |
|---|---|
|  |  |

= ____ dizaines et ____ unités

= ____ + ____

## Remplis les blancs.

⑰ 65 = ____ dizaines et ____ unités  ⑱ 15 = ____ + 5

⑲ 38 = ____ dizaines et ____ unités  ⑳ 46 = 40 + ____

㉑ 97 = ____ dizaines et ____ unités  ㉒ 87 = ____ + ____

㉓ ____ = 5 dizaines et 3 unités  ㉔ ____ = 30 + 4

㉕ ____ = 4 dizaines et 9 unités  ㉖ ____ = 60 + 1

## Colorie le plus grand nombre dans chaque paire.

㉗ 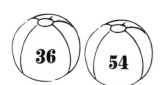  ㉘ 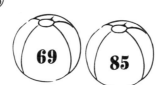  ㉙

**Les nombres impairs ou pairs :**

Si le chiffre dans la position des unités d'un nombre est

- 1, 3, 5, 7 ou 9, c'est un nombre **impair**.
- 2, 4, 6, 8 ou 0, c'est un nombre **pair**.

p. ex. 4**5**        9**6**

nombre impair   nombre pair

45 est un nombre impair et 96 est un nombre pair.

**Remplis les blancs à l'aide des droites numériques.**

㉚ 3 de moins que 91 est ____ .

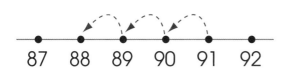

87  88  89  90  91  92

㉛ 4 de plus que 27 est ____ .

㉜ 2 de moins que 62 est ____ .

㉝ 3 de plus que 78 est ____ .

**Regarde les nombres sur l'os. Réponds aux questions.**

㉞ Combien de nombres pairs y a-t-il? Quels sont-ils?

_____ ; _____

㉟ Quel nombre impair est plus grand que 80?

_____

63  70  54  82  16  91  78  47

# Compter par bonds de 1, de 2, de 5 et de 10

- Compter par bonds de 1, de 2, de 5 et de 10.
- Compter à rebours par bonds de 1, de 2 et de 5 à partir de 20.
- Découvrir la meilleure façon de compter.

> *6 groupes de 5 font 30. J'ai 30 doigts en tout.*

## Écris les nombres manquants.

①   85   86   \_\_\_\_   \_\_\_\_   89   \_\_\_\_   \_\_\_\_   \_\_\_\_   93   94

②   12   11   \_\_\_\_   \_\_\_\_   8   \_\_\_\_   \_\_\_\_   5   \_\_\_\_   3

③   19   18   \_\_\_\_   16   \_\_\_\_   \_\_\_\_   13   \_\_\_\_   \_\_\_\_   10

④   64   65   \_\_\_\_   \_\_\_\_   68   \_\_\_\_   \_\_\_\_   \_\_\_\_   72   73

## Lis ce que disent les abeilles. Écris les nombres.

⑤

> *À partir de 47, compte par bonds de 1 jusqu'à 58.*

_____

⑥

> *À partir de 16, compte à rebours par bonds de 1 jusqu'à 6.*

_____

**Encercle ◯ les objets par groupes de 2. Ensuite, remplis les blancs.**

⑦

Compte par bonds de 2 :

____ , ____ , ____ , ____ , ____ , ____ , ____ , ____

Il y a ____ glands.

⑧

Compte par bonds de 2 :

_____

Il y a ____ cloches.

⑨

Compte par bonds de 2 :

_____

Il y a ____ fourmis.

**Remplis les blancs.**

⑩  3 deux = ____          ⑪   4 deux = ____

⑫  9 deux = ____          ⑬   8 deux = ____

⑭  74  76  78  ____  ____  ____  86  ____  90

⑮  36  34  32  ____  ____  26  ____  ____  20

**Remplis les blancs à l'aide des images.**

⑯

1 groupe de cinq = _____

2 groupes de cinq = _____

3 groupes de cinq = _____

4 groupes de cinq = _____

5 groupes de cinq = _____

6 groupes de cinq = _____

7 groupes de cinq = _____

8 groupes de cinq = _____

9 groupes de cinq = _____

10 groupes de cinq = _____

**Écris les nombres manquants.**

⑰   25   30   _____   40   _____   _____   55   _____

⑱   60   65   _____   _____   80   _____   90   _____

⑲   80   75   _____   _____   55   _____   45

⑳   15   _____   _____   30   _____   _____   45

**Encercle ◯ les objets par groupes de 10. Compte et écris les nombres.**

㉑

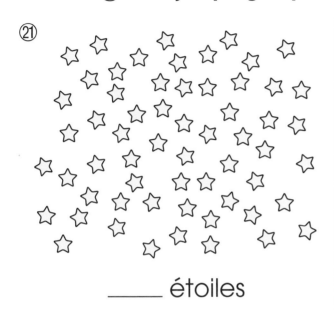

_____ étoiles

㉒

_____ cœurs

**Remplis les blancs.**

㉓ 4 dizaines font _____ .

㉔ 7 dizaines font _____ .

㉕ 3 dizaines font _____ .

㉖ 9 dizaines font _____ .

㉗ _____ dizaines font 80.

㉘ _____ dizaines font 50.

**Encercle ◯ les bons mots. Ensuite, écris les nombres.**

㉙

Il y a 10 bols dans une pile. La meilleure façon de compter les bols est par bonds de   2  5  10  .

J'ai _____ bols en tout.

# L'argent

- Identifier les noms et les valeurs de pièces de monnaie.

- Comparer et mettre dans l'ordre des pièces de monnaie selon leurs tailles et leurs valeurs.

- Écrire des sommes d'argent jusqu'à 20 ¢.

- Ajouter et soustraire des sommes d'argent jusqu'à 10 ¢.

**Trace des lignes pour associer les pièces de monnaie aux bons noms. Écris leurs valeurs. Ensuite, réponds à la question.**

①

- Pièce de deux dollars; _____ $

- Pièce de un dollar; _____ $

- Pièce de vingt-cinq cents; _____ ¢

- Pièce de dix cents; _____ ¢

- Pièce de cinq cents; _____ ¢

- Pièce de un cent; _____ ¢

② Quelle pièce de monnaie a la plus

a. grande taille?                b. petite taille?

_____        _____

**Encercle ◯ la pièce de monnaie qui a la plus grande valeur dans chaque paire.**

**Mets les pièces de monnaie dans l'ordre décroissant, de celle qui a la plus grande valeur à celle qui en a la moindre. Écris les lettres.**

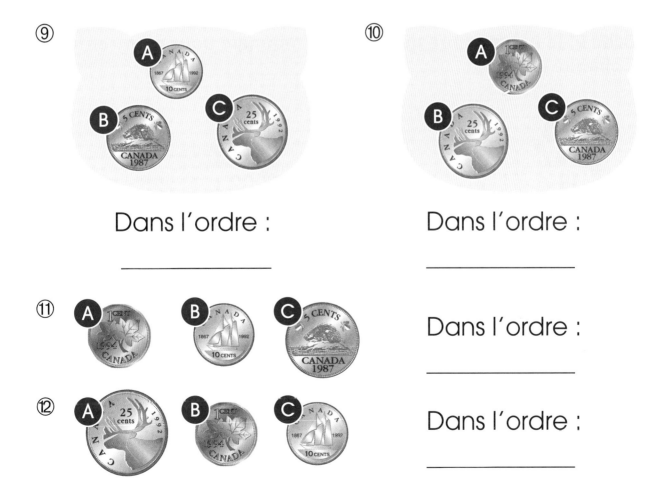

⑨ Dans l'ordre :

_____

⑩ Dans l'ordre :

_____

⑪ Dans l'ordre :

_____

⑫ Dans l'ordre :

_____

## Trouve la valeur de chaque groupe de pièces de monnaie.

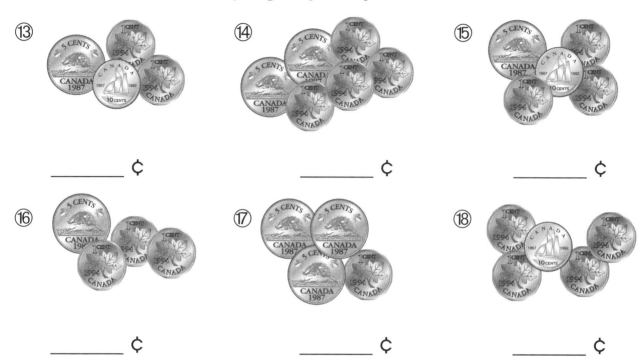

⑬ _____ ¢

⑭ _____ ¢

⑮ _____ ¢

⑯ _____ ¢

⑰ _____ ¢

⑱ _____ ¢

## Coche ✔ le bon nombre de pièces de monnaie pour montrer le prix de chaque jouet.

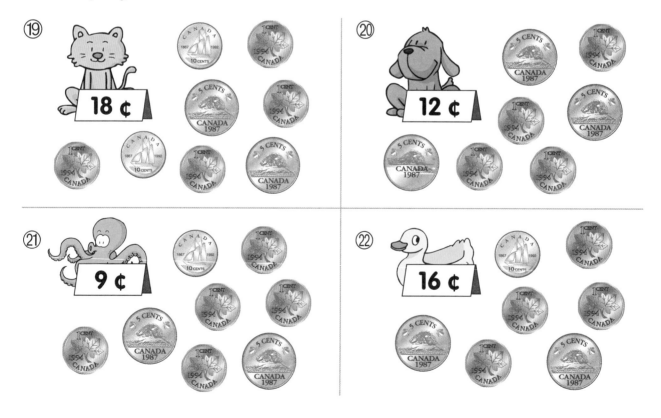

⑲ 18 ¢

⑳ 12 ¢

㉑ 9 ¢

㉒ 16 ¢

Utiliser l'addition pour trouver le total et la soustraction pour trouver la monnaie.

• Acheter  et

$$5 \text{¢}$$
$$+\ 3 \text{¢}$$
$$8 \text{¢}$$

Total : **8 ¢**

• Payer pour

$$10 \text{¢}$$
$$-\ 3 \text{¢}$$
$$7 \text{¢}$$

Monnaie : **7 ¢**

## Regarder les images. Réponds aux questions.

 **5 ¢**

 **4 ¢**

 **3 ¢**

 **8 ¢**

㉓ Tom veut acheter un nounours et une carte pour sa mère. Combien a-t-il besoin de payer?

_____ ¢

$$
\begin{array}{r}
\text{¢} \\
+\quad \text{¢} \\
\hline
\text{¢}
\end{array}
$$

㉔ Combien de plus un robot coûte-t-il qu'un papillon?

_____ ¢

_____

㉕

Si je paye pour un robot avec une pièce de dix cents, quelle sera ma monnaie?

_____ ¢

_____

# **14**

# Mesurer à l'aide des unités non conventionnelles

- Mesurer et décrire la longueur, la hauteur et l'aire à l'aide d'unités non conventionnelles.

- Comparer et mettre des objets dans l'ordre en fonction de mesures en unités non conventionnelles.

**Combien de crayons ou de clous représentent-ils la longueur de chaque objet? Compte et écris les nombres pour compléter les phrases.**

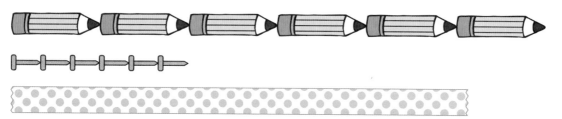

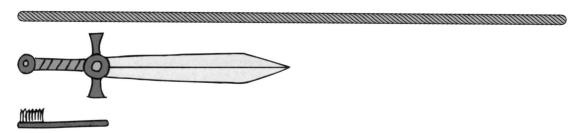

① La longueur du ruban est d'environ _____ crayons ou de _____ clous.

② La longueur de la corde est d'environ _____ crayons ou de _____ clous.

③ La longueur de l'épée est d'environ _____ crayons ou de _____ clous.

④ La longueur de la brosse à dents est d'environ _____ crayon ou de _____ clous.

**Dessine les images selon les descriptions.**

⑤ Un poisson d'une longueur de 3 crayons. Une corde d'une longueur de 4 crayons.

⑥ Un sandwich d'une épaisseur de 1 trombone. Une boîte d'une épaisseur de moins de 2 trombones.

⑦ Un arbre d'une hauteur de 3 étages. Un bâtiment plus grand que le bâtiment donné de 1 étage.

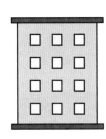

**Quelle est la meilleure unité pour mesurer chacun des objets suivants? Encercle ◯ la bonne réponse.**

⑧ La longueur d'un long couloir : peignes   ceintures

⑨ La hauteur d'une table à café : pailles   vis

**Quelle est la distance entre les objets? Écris les nombres sur les lignes et encercle ◯ la bonne image et les nombres corrects.**

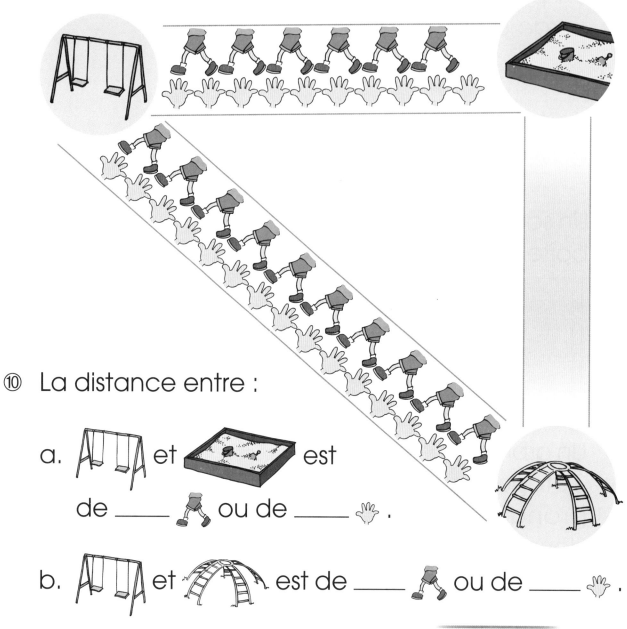

⑩ La distance entre :

a. 🛝 et 📦 est

de _____ 👖 ou de _____ ✋ .

b. 🛝 et ⛰ est de _____ 👖 ou de _____ ✋ .

⑪ Quelle est la plus grande unité? 👖 ✋

⑫ La distance entre 📦 et ⛰ est

d'environ 2 / 6 / 10  ou de 10 / 15 / 30 ✋ .

**Regarde les images. Trouve le nombre d'autocollants nécessaires pour couvrir chaque image et encercle ◯ la bonne réponse.**

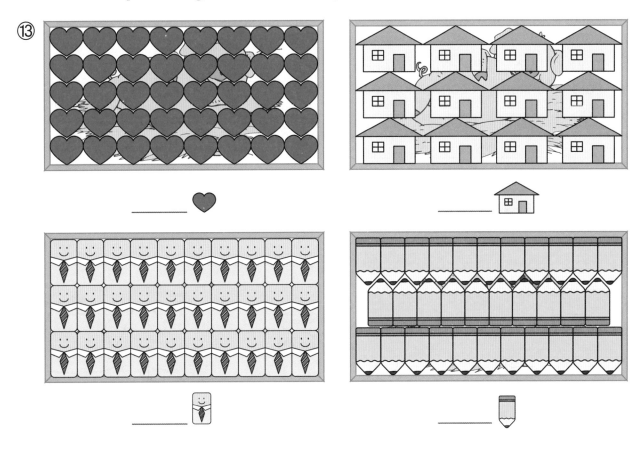

⑬

_____ 🖤

_____ 🏠

_____ 😊

_____ ✏️

⑭ 🖤 🏠 😊 ✏️ couvre le plus d'espace.

⑮ Il faut environ _____ 🖤 pour couvrir un 😊 .

**Suis le modèle pour dessiner des lignes sur le monstre. Ensuite, réponds à la question.**

⑯
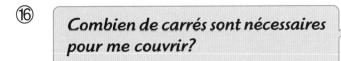
*Combien de carrés sont nécessaires pour me couvrir?*

Environ _____ carrés

# 15

# La capacité

- Estimer et comparer des capacités de contenants.
- Trouver la capacité d'un contenant à l'aide d'unités non conventionnelles.

> *Je peux en contenir plus que toi.*

## Colorie celui qui a plus de capacité.

①

②

③

## Colorie celui qui a la plus grande capacité.

④

⑤

⑥

⑦

**Regarde les images. Encercle ◯ les bonnes réponses pour compléter les phrases.**

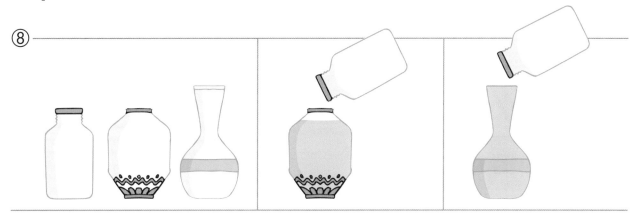

a. ▢ peut contenir   plus / moins   d'eau que ▢ .

b. ▢ et ▢ ont   ___la même capacité___
   ___différentes capacités___   .

a. ▢ peut contenir   plus / moins   d'eau que ▢ .

b. ▢ ▢ ▢   a la plus grande capacité.

**Regarde combien de tasses ou de seaux sont nécessaires pour contenir l'eau dans chaque contenant. Écris les nombres. Ensuite, complète les phrases.**

⑩

a. 🏺 remplit _____ tasses et 🫙 remplit _____ tasses.

b. 🫙 peut contenir _____ tasses d'eau de plus que 🏺 .

⑪

a. 📦 remplit _____ seaux.

b. 📦 remplit _____ 📦 et _____ seaux.

c. 📦 peut contenir   plus / moins   d'eau que 📦 .

d. 📦 peut contenir _____ seaux d'eau.

**Choisis l'objet le plus approprié pour mesurer la capacité du contenant à gauche. Coche ✔ les lettres.**

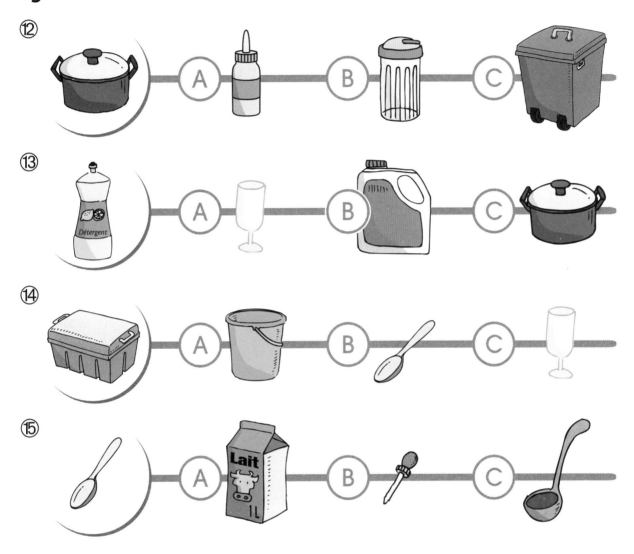

⑫

⑬

⑭

⑮

**Encercle ◯ le bon nombre pour compléter ce que dit la boîte de conserve.**

⑯

*Il faut 6 boîtes de jus pour me remplir. Si*

*mon frère peut contenir 2 autres boîtes, mon*

*frère peut contenir   4 / 2 / 8   boîtes de jus.*

# La masse

- Comparer et mettre dans l'ordre des objets en fonction de masses.

- Décrire des masses d'objets à l'aide de termes relatifs.

- Estimer, mesurer et noter des masses d'objets à l'aide d'unités non conventionnelles.

*Tu es plus lourde.*

## Coche ✔ l'objet le plus lourd de chaque paire.

①

②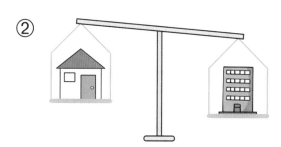

## Mets les objets dans l'ordre, du plus léger au plus lourd. Écris de 1 à 3.

③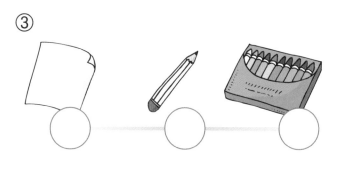

④

⑤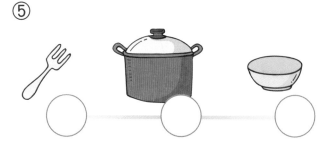

**Trace des lignes pour associer les objets à ceux qui ont à peu près la même masse.**

**Regarde les images. Remplis les blancs avec les mots « plus léger » ou « plus lourd ».**

a. Un ananas est _____ qu'une pomme.

b. Un raisin est _____ qu'une pomme.

a. Un ballon de basketball est _____ qu'un ballon de plage.

b. Un ballon de basketball est _____ qu'une boule de bowling.

**Combien de blocs sont nécessaires pour équilibrer chaque objet? Compte et écris le nombre. Ensuite, réponds aux questions.**

⑨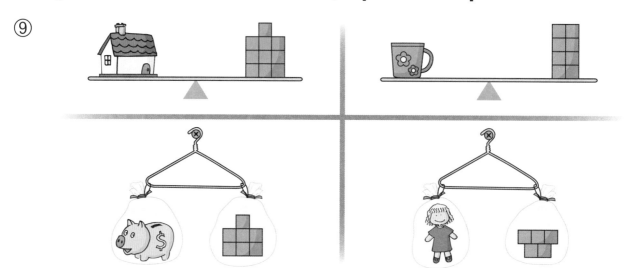

a. La maison a le même poids que _____ blocs.

b. La tasse a le même poids que _____ blocs.

c. La tirelire a le même poids que _____ blocs.

d. La poupée a le même poids que _____ blocs.

⑩ Quel est l'objet le plus lourd? _____

⑪ Quel est l'objet le plus léger? _____

**Regarde les images ci-dessus. Ensuite, dessine le bon nombre de blocs sur le bon côté pour équilibrer les objets.**

⑫

**Regarde les images. Remplis les blancs.**

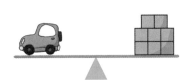 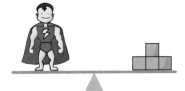 

⑬ La voiture a le même poids que _____ blocs.

⑭ La figurine a le même poids que _____ blocs.

⑮ Le bonhomme de neige a le même poids que _____ blocs.

⑯ _____ figurines sont nécessaires pour équilibrer la voiture.

⑰ Il faut _____ voiture(s) et _____ figurine(s) pour équilibrer le bonhomme de neige.

**Lis ce que dit la souris. Aide-la à dessiner le bon nombre de poissons pour équilibrer le chat.**

⑱

# Les figures en 2D

- Identifier et décrire des figures en 2D communes telles que des cercles et des carrés.
- Identifier le nombre de côtés et de coins d'une figure en 2D.

**Trace des lignes pour que les figures correspondent à leurs noms.**

① 

le cercle •

l'hexagone •

le pentagone •

le rectangle •

le carré •

le triangle •

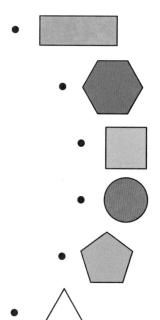

**Trace les pointillés. Ensuite, nomme les figures.**

②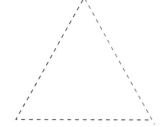

③

④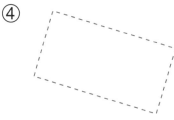

_____     _____     _____

Trace chaque figure à gauche sur une feuille de papier. Ensuite, découpe-les et compare-les avec chacune des figures coloriées à droite. Décris les figures.

plus large    plus étroit    plus grand
plus petit    pareil

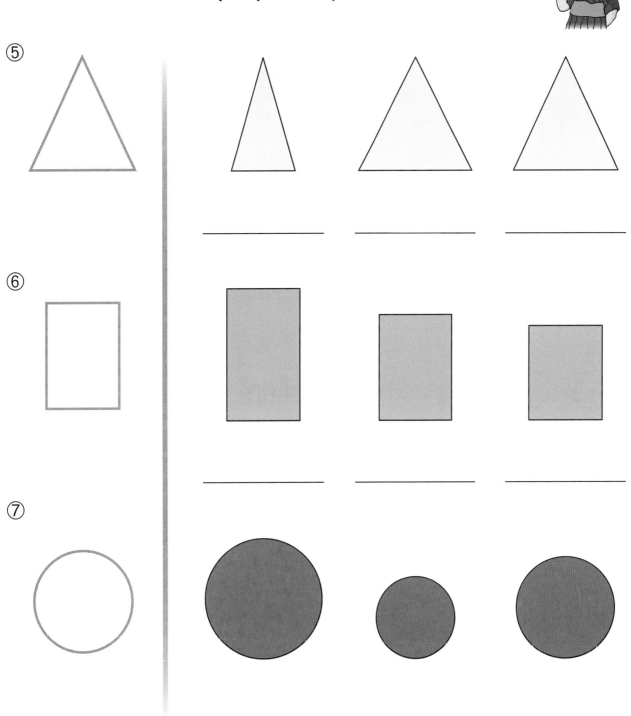

**Relie les points dans le bon ordre. Ensuite, nomme les figures et écris les nombres.**

⑧

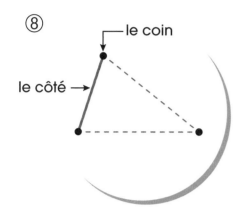

a. C'est un _____ .

b. Il a _____ côtés et _____ coins.

⑨

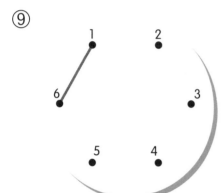

a. C'est un _____ .

b. Il a _____ côtés et _____ coins.

⑩

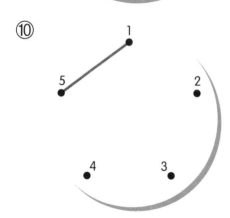

a. C'est un _____ .

b. Il a _____ côtés et _____ coins.

⑪

C'est un _____ .

Il a _____ côtés et _____ coins.

**Colorie les pentagones en rouge et les hexagones en jaune.**

⑫

**Lis ce que dit la fille. Aide-la à dessiner le robot.**

⑬

La tête de mon robot est un rectangle. Ses yeux sont des pentagones et son nez est un hexagone. Ses oreilles sont des triangles et sa bouche est un cercle.

# Plus sur les figures

- Identifier des figures dans un modèle donné.
- Identifier et compléter des figures symétriques.
- Utiliser des fractions pour décrire des parties d'un nombre entier.

Nous sommes tous symétriques.

**Trace les pointillés. Ensuite, écris les noms des figures que tu vois dans chaque modèle.**

① _____  _____

② _____  _____

③ _____  _____

④  _____  _____

## Colorie les images symétriques.

⑤

## Dessine les parties manquantes pour rendre symétrique chaque image.

⑥

**Trace les pointillés et colorie une partie de chaque figure. Ensuite, écris combien de parties coloriées y a-t-il.**

⑦

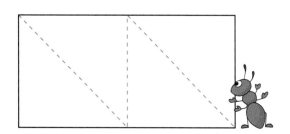

_____ quart

⑧

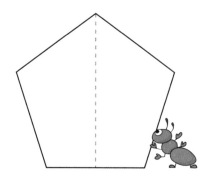

_____ moitié

⑨

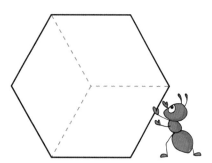

_____ tiers

⑩

_____

⑪

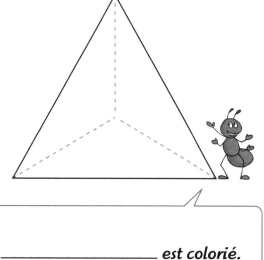

_____ *est colorié.*

⑫

_____ *est coloriée.*

**Regarde les images. Remplis les blancs.**

⑬

   a. George a _____ de sandwich.

   b. Bob en a _____ .

⑭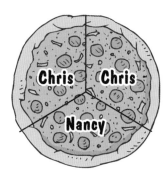

   a. Tiffany a _____ de petit gâteau.

   b. Leo en a _____ aussi.

⑮

   a. Chris a _____ de pizza.

   b. Nancy en a _____ .

**Lis ce que dit le casse-noisette. A-t-il raison? Explique.**

⑯

   *Un quart de mon épée est ombré.*

_____

_____

_____

# Les figures en 3D

- Identifier et compléter des figures communes en 3D.
- Identifier des faces de figures en 3D.
- Décrire des similarités et des différences entre des objets communs et des figures en 3D.

*Est-ce que je ressemble à une sphère?*

**Trace une ligne pour associer chaque figure en 3D au bon nom.**

① 

le cône •

le cube •

le cylindre •

le prisme •

la sphère •

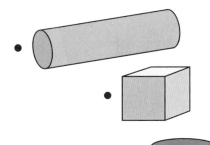
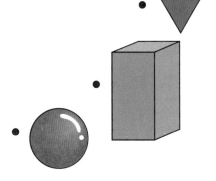

**Trace les pointillés pour compléter les figures en 3D.  Ensuite, nomme-les.**

② 

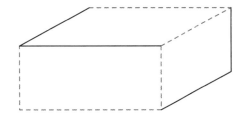

_____

③ 

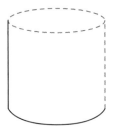

_____

**À quelle figure chaque objet ressemble-t-il? Écris le nom de la figure en 3D. Ensuite, dessine un objet qui a la même figure que celle donnée.**

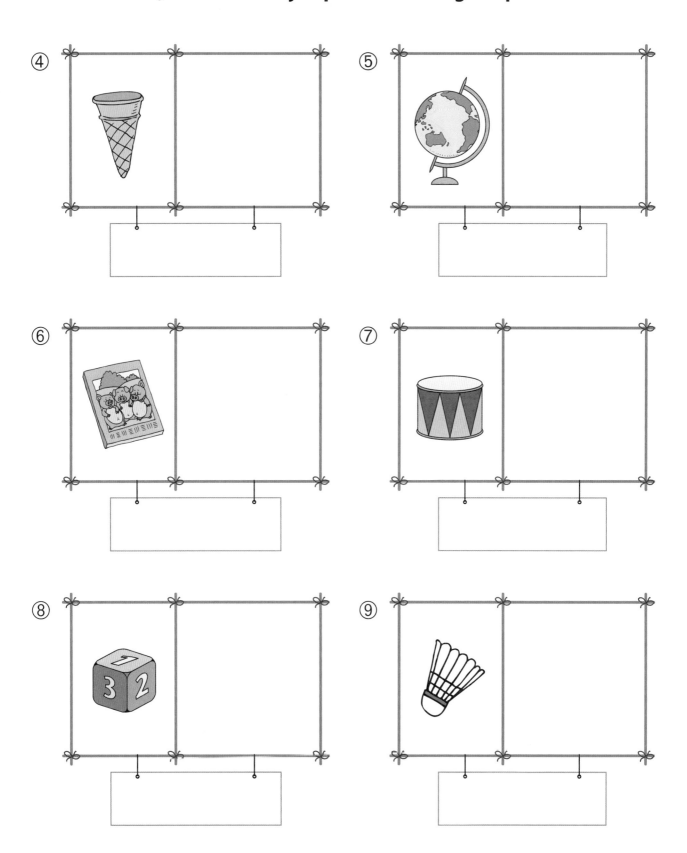

**Regarde comment Bruce trace les figures en 3D. Dessine et nomme les faces tracées.**

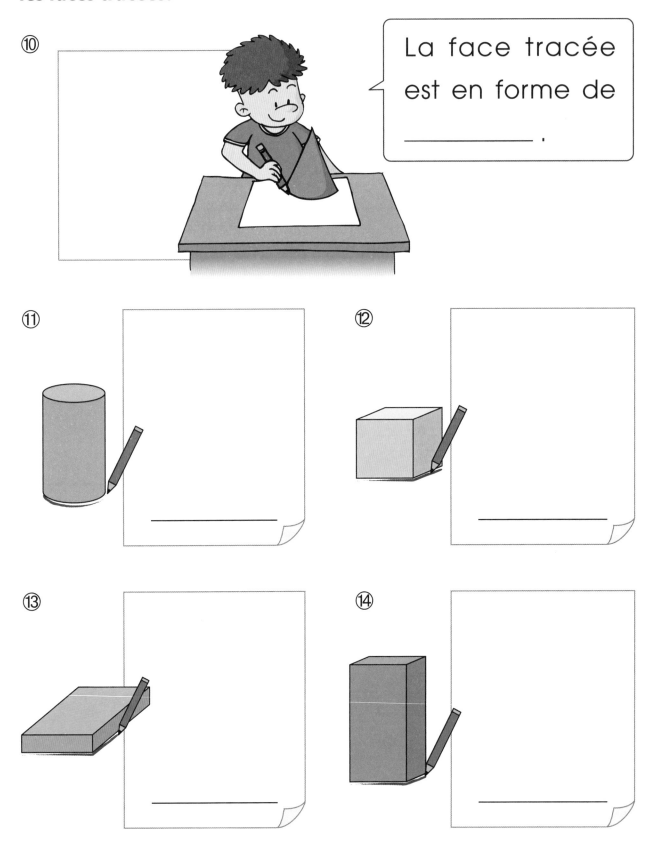

⑩

La face tracée est en forme de _____ .

⑪ _____

⑫ _____

⑬ _____

⑭ _____

Comparer des objets et des figures en 3D pour trouver leurs **différences** et leurs **similarités**.

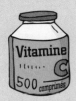

La bouteille ressemble à un cylindre, sauf son sommet étroit.

Une sphère peut **rouler**.

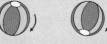

Un cube peut **glisser**.

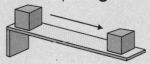

## À quoi ces objets en 3D ressemblent-ils? Nomme les figures et décris-les.

⑮

Il ressemble à une _____ , _____

_____ .

⑯

Il ressemble à un _____ , _____

_____ .

⑰

Il ressemble à un _____ , _____

_____ .

## Lis ce que dit le clown. Aide-le à colorier les figures en 3D.

⑱

*Colorie les figures en 3D qui peuvent rouler et glisser.*

  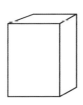 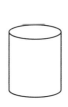

# Les directions (1)

- Utiliser des mots tels que « devant », « derrière », « gauche » et « droite » pour décrire des positions.
- Compléter une image pour montrer la position d'objets.

*Je suis à ta droite, maman.*

*Et je suis à ta gauche.*

**Regarde l'image.  Encercle ◯ les bonnes réponses.**

① Alex est devant  Judy  /  Tom  /  Éric  .

② Judy est derrière  Bill  /  Alex  /  Sue  .

③ Éric est  devant  /  derrière  Sue.

④ Bill est  devant  /  derrière  Tom.

⑤ Il y a  2  /  3  /  5  enfants devant Judy.

⑥ Il y a  4  /  3  /  2  enfants derrière Alex.

**Colorie les bonnes images selon les phrases. Ensuite, remplis les blancs avec les mots « devant » ou « derrière » pour décrire les images coloriées.**

⑦ Le chien est devant le sac et le chat est derrière le sac.

a.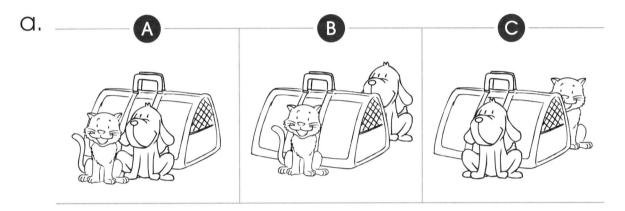

b. Le sac est _____ le chat.

c. Le sac est _____ le chien.

⑧ La maison est devant le chat et l'arbre est derrière le chat.

a.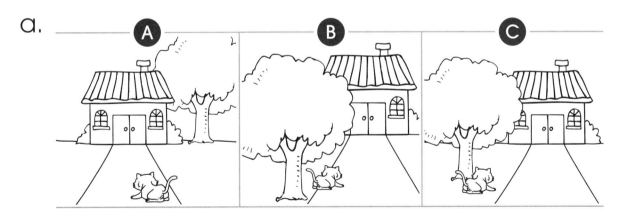

b. Le chat est _____ la maison.

c. L'arbre est _____ la maison.

**Regarde les images. Remplis les blancs avec les mots « gauche » ou « droite ».**

⑨

a. L'extraterrestre à deux yeux est à _____ de Tom.

b. L'extraterrestre à un œil est à _____ de Tom.

c. L'extraterrestre à un œil tient un stéthoscope à la main _____ .

⑩ a. Ray tient un parapluie à la main _____ .

b. Le cactus est à _____ de Ray.

c. Ray est à _____ du cactus.

**Complète l'image.**

⑪ Dessine deux carottes à gauche du petit lapin et une pomme à gauche du grand lapin.

Lis les indices pour trouver les noms des filles. Écris les noms dans les cases et remplis les blancs avec « devant », « derrière », « à gauche » ou « à droite ».

⑫ • Mabel et Cindy sont à droite de Tammy.
   • Sue est à gauche de Tammy.
   • Cindy est à droite de Mabel.

Tammy

⑬ Il y a beaucoup de figures _____ les filles.

⑭ Il y a une fenêtre _____ une des filles.

⑮ Tammy est à _____ de Mabel.

⑯ Cindy est à _____ de Sue.

**Regarde l'image.  Complète les phrases.**

⑰ La fille est _____ le garçon.

⑱ Le garçon tient un ballon à la main _____ .

⑲ La fille tient une sucette à la main _____ .

# Les directions (2)

- Utiliser des mots tels que « à l'intérieur », « à l'extérieur », « au-dessus » et « en dessous » pour décrire des positions.

- Compléter une image pour montrer la position d'objets.

> *Bien que je sois à l'interieur d'une cage en-dessous de toi, tu ne peux pas m'atteindre.*

**Regarde les images. Encercle ⬭ les bonnes réponses.**

①

a. Amy est chambre.  à l'intérieur / à l'extérieur  de la

b. Un chat est chambre.  à l'intérieur / à l'extérieur  de la

②

a. Une abeille est pot.  à l'intérieur / à l'extérieur  du

b. Un papillon est pot.  à l'intérieur / à l'extérieur  du

③

a. Maman va  à l'intérieur / à l'extérieur  .

b. Frère fourmi et Sœur fourmi jouent au ballon  à l'intérieur / à l'extérieur  .

**Regarde l'image. Remplis les blancs avec les mots « au-dessus » ou « en dessous ». Ensuite, dessine les objets pour compléter l'image.**

④

a. Lucy est _____ du toit.

b. Un hélicoptère téléguidé vole _____ du toit.

c. Un seau est _____ du pont.

d. Louis est _____ du parapluie.

e. Un chien rampe _____ des escaliers.

f. Un ballon est lancé _____ du pont.

g. Dessine un oiseau qui vole en dessous des nuages.

h. Dessine un arc-en-ciel au-dessus des nuages.

**Lis chaque phrase. Colorie la bonne image. Ensuite, remplis les blancs avec une ou plusieurs descriptions de l'image coloriée.**

⑤ Un chat est en dessous de la table et à l'extérieur de la boîte.

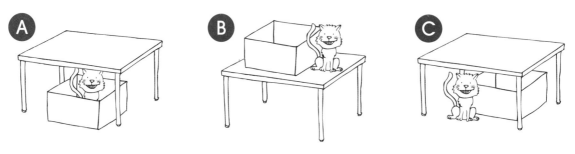

La boîte est _____ de la table.

⑥ Une mouche vole au-dessus du dôme de nourriture et un gâteau est à l'intérieur du dôme.

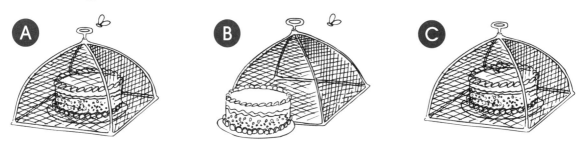

La mouche vole _____ du gâteau.

⑦ Il y a des rayures à l'extérieur de la boîte et une grenouille qui saute au-dessus de la boîte.

L'_____ de la boîte est à pois.

**Regarde les images. Remplis les blancs.**

⑧ Il y a 3 balles _____ du panier.

⑨ La fée vole _____ du lion.

⑩ Il y a une balle _____ de la patte gauche du lion.

⑪ La souris met les mains _____ de la tête.

⑫ Le lion est _____ de la cage.

**Aide la souris à écrire deux phrases avec les mots donnés pour décrire l'image ci-dessus.**

⑬ les étoiles, au-dessus de : _____

_____

⑭ la souris, à l'intérieur de : _____

_____

# Les températures

- Observer les noms et les caractéristiques des quatre saisons.

- Utiliser des mots simples pour décrire différentes conditions météorologiques.

- Lire et noter des températures en degrés Celsius (°C) avec un thermomètre.

Le spectacle des quatre saisons

**Associe les images aux saisons. Écris les lettres.**

Le printemps : _____  L'été : _____

L'automne : _____  L'hiver : _____

**Quelle saison chaque photo montre-t-elle? Écris le nom de la saison. Ensuite, mets les images dans l'ordre à partir du printemps. Écris de 1 à 4.**

②

a.

b.

c.

d.

**Remplis les blancs avec les mots donnés et dessine les images dans les cases pour compléter « les faits météorologiques ».**

la plus chaude    la plus froide    chaud
froid    neigeux    ensoleillé

# Les faits météorologiques

③

Le printemps : _____ , frais et _____

L'été : _____ , la saison _____

L'automne : frais et _____

L'hiver : _____ , la saison _____

**Encercle ◯ les bons mots pour compléter ce que disent les enfants.
Ensuite, aide les enfants à cocher ✔ les bons vêtements.**

④     *Je peux faire des bonhommes de neige avec ma sœur aujourd'hui parce*

        *que la température est assez   basse / élevée   pour que la neige reste.*

        *Quelle tenue devrais-je porter?*

⑤     *Bien que la température soit   basse / élevée   , je ne peux pas jouer dehors parce*

        *qu'il pleut.  Mais il fera beaucoup   plus chaud / plus froid   le mois prochain,*

        *donc j'irai à la plage!  Quelle tenue devrais-je porter si je vais à la plage?*

**Encercle ◯ la meilleure description pour chaque saison.**

⑥ **Le printemps**

> est le plus froid.
>
> devient plus chaud.
>
> devient plus froid.

⑦ **L'automne**

> est le plus chaud.
>
> devient plus chaud.
>
> devient plus froid.

La température est mesurée en **degrés Celsius (°C)**.

*Lorsque la température augmente, le temps devient plus chaud.*

25°C     5°C

**Note les températures. Ensuite, encercle ○ le meilleur mot pour décrire chaque température.**

⑧ 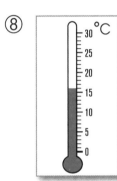 _____ °C

froide

douce

chaude

⑨ 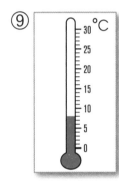 _____ °C

froide

douce

chaude

⑩ 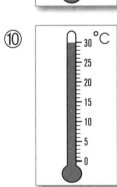 _____ °C

froide

douce

chaude

⑪ 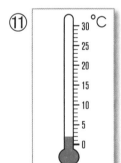 _____ °C

froide

douce

chaude

**Lis ce que dit la fille. Aide-la à colorier le thermomètre pour montrer la température.**

⑫ *La température d'hier était de 23 °C. La température d'aujourd'hui est de 4 °C plus élevée que celle d'hier. Quelle est la température d'aujourd'hui?*

_____ °C

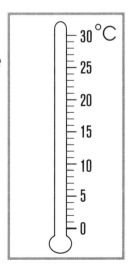

# Les jours, les semaines, les mois et l'heure

- Nommer les jours de la semaine.

- Mettre les mois de l'année dans l'ordre et lire la date sur un calendrier.

- Lire et écrire des heures à l'heure et à la demi-heure.

- Dessiner les aiguilles d'une horloge pour montrer l'heure.

7 heures et demie

**Regarde ce qu'Éric fera la semaine prochaine. Aide-le à répondre aux questions.**

① Éric jouera au ballon _____ .

② _____ et _____ , Éric jouera aux jeux vidéo.

③ Combien de jours Éric lira-t-il les livres? _____ jours

④ Quel jour de la semaine fera-t-il deux activités? _____

⑤ Que fera-t-il le premier jour de la semaine? _____

⑥ Combien de jours y a-t-il dans une semaine? _____ jours

**Mets les mois dans le bon ordre à partir de janvier. Écris de 1 à 12.**

⑦ _____ mai          _____ septembre          _____ juillet

_____ juin          _____ octobre          _____ février

_____ mars          _____ décembre          _1_ janvier

_____ avril          _____ novembre          _____ août

**Complète les informations manquantes sur le calendrier de Jill. Ensuite, réponds aux questions.**

⑧

OCT ___ ___ ___ E          Calendrier de

| LUN | | | JEU | | SAM | DIM |
|---|---|---|---|---|---|---|
| | 1 | 2 | 3 | 4 | | 6 |
| 7 | | | 10 | | 12 | 13 |
| | 15 | | | 18 | 19 | |
| | 22 | 23 | | | | 27 |
| 28 | | | | | | |

Sortie Scolaire

⑨ Quelle est la date de la sortie scolaire de Jill? _____

⑩ Quand est l'anniversaire de la mère de Jill? _____

⑪ Jill achètera un costume 2 jours avant l'Halloween. Quelle est la date? _____

**Regarde ce qu'a fait Nancy hier. Aide-la à écrire les heures de deux façons. Ensuite, mets les images dans le bon ordre.**

⑫

_____ et demie

_____ h 30

_____

_____ h _____

Ⓒ

_____

_____ h _____

Ⓓ

_____

_____ h _____

⑬ Dans l'ordre : _____ , _____ , _____ , _____

**Utilise les mots « presque » ou « peu après » pour écrire les temps.**

⑭

_____ _____ heures

_____

_____

La grande aiguille est **celle des minutes**. La petite aiguille est **celle des heures**.

Il est 8 heures et demie, la grande aiguille pointe sur le 6 et la petite aiguille pointe entre 8 et 9.

## Dessine les aiguilles de l'horloge pour montrer l'heure.

⑮ 9 h 00

⑯ 3 h 30

⑰ 10 h 30

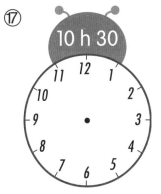

⑱ 4 h 30

⑲ 7 h 00

⑳ 5 h 00

## Aide l'horloge à compléter le cadran de l'horloge et à dessiner les aiguilles pour montrer l'heure.

㉑ Il est un peu après trois heures et demie en ce moment.

# Les régularités

- Identifier la régularité d'un groupe d'objets.
- Continuer une régularité en dessinant ou en coloriant.
- Créer une régularité à l'aide d'objets donnés.
- Trouver des régularités dans un tableau des centaines.

*Peux-tu voir la regularité sur ma couronne?*

**Coche ✔ dans le cercle si chaque groupe d'images suit une régularité, sinon barre ✗ dans le cercle.**

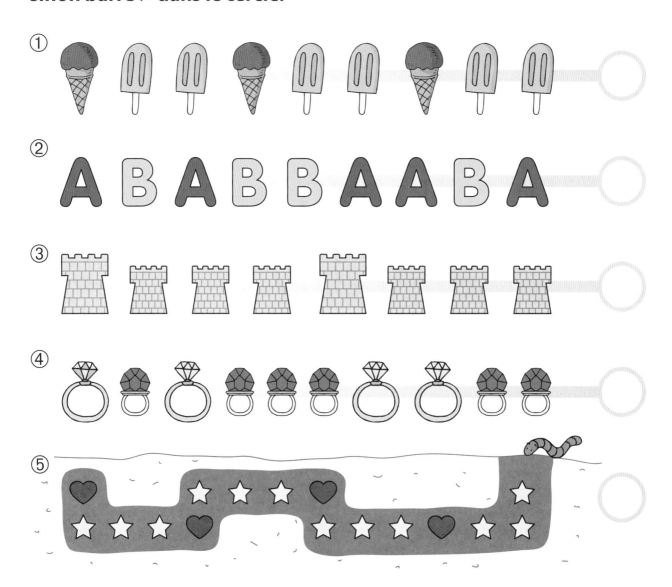

**Dessine les deux images suivantes.**

⑥ _____ _____

⑦ _____ _____

⑧ _____ _____

⑨ _____ _____

**Barre ✘ une image dans chaque groupe pour que les images suivent une régularité.**

⑩

⑪

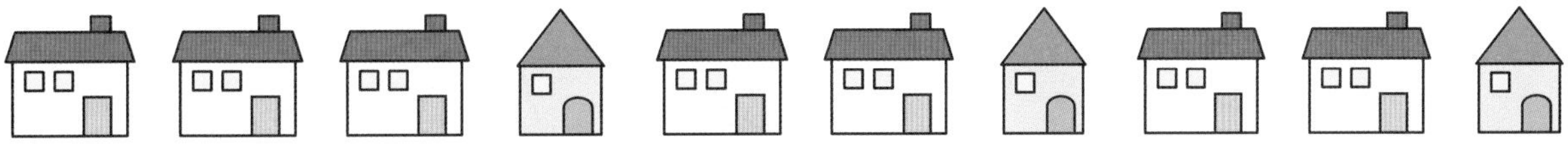

⑫

**Dessine l'image manquante dans chaque régularité. Ensuite, utilise chaque ensemble d'images pour créer une régularité différente de celle qui est sur la ligne.**

⑬

⑭

**Trace les pointillés pour compléter les régularités.**

⑮

## Le tableau des centaines :

un tableau ayant 10 lignes, 10 colonnes et 100 cases, chaque case contenant un nombre de 1 à 100 disposé dans l'ordre

10 colonnes

| 1 | 2 | 3 | 4 | 5 | 6 | 7 | 8 | 9 | 10 |
|---|---|---|---|---|---|---|---|---|----|
| 11 | 12 | 13 | 14 | 15 | 16 | 17 | 18 | 19 | 20 |
| 21 | 22 | 23 | 24 | 25 | 26 | 27 | 28 | 29 | 30 |
| 31 | 32 | 33 | 34 | 35 | 36 | 37 | 38 | 39 | 40 |
| 41 | 42 | 43 | 44 | 45 | 46 | 47 | 48 | 49 | 50 |
| 51 | 52 | 53 | 54 | 55 | 56 | 57 | 58 | 59 | 60 |
| 61 | 62 | 63 | 64 | 65 | 66 | 67 | 68 | 69 | 70 |
| 71 | 72 | 73 | 74 | 75 | 76 | 77 | 78 | 79 | 80 |
| 81 | 82 | 83 | 84 | 85 | 86 | 97 | 88 | 89 | 90 |
| 91 | 92 | 93 | 94 | 95 | 96 | 97 | 98 | 99 | 100 |

10 rangées

**Remplis les cases vides en écrivant les nombres manquants dans le tableau des centaines. Colorie pour continuer la régularité des nombres coloriés. Ensuite, réponds à la question.**

⑯

| 1 | | 3 | | | | 7 | | | |
|---|---|---|---|---|---|---|---|---|---|
| | | | | | | | | 19 | |
| | 23 | | 25 | | 27 | | | | |
| | | | | | | | | | |
| 41 | | | | | | | | | |
| 51 | | | 55 | | 57 | | | | |
| 61 | | | | | | | | | 70 |
| | 73 | 74 | | | | 78 | 79 | | |
| 82 | 83 | | | 86 | 87 | | | 90 | |
| 91 | | 94 | 95 | | | | | | |

⑰ *Regarde la position des unités des nombres coloriés. Quelle régularité peux-tu voir?*

Dizaines | Unités
2 | 5

_____

# L'organisation des données

- Organiser et trier des objets en catégories.
- Utiliser des méthodes d'enregistrement pour montrer des données.

**Trie les éléments de deux façons. Compte et écris les nombres.**

①

| A Par saveur | |
|---|---|
| Saveur | Nombre de boîtes |
| Pomme | |
| Orange | |

| B Par taille | |
|---|---|
| Taille | Nombre de boîtes |
| Grand | |
| Petit | |

Léa a une collection d'autocollants. Aide-la à trier ses autocollants de deux façons. Utilise les traits ⫫⫫ pour enregistrer les données.

②

| A Par type | |
|---|---|
| Image | Nombre d'autocollants |
| Animal | ⫫⫫⫫ ⫫⫫⫫ ⫫ |
| Plante | |

| B Par forme | |
|---|---|
| Forme | Nombre d'autocollants |
| Cercle | |
| Carré | |

**Les enfants ont dessiné leurs aliments préférés dans le tableau. Montre leurs préférences. Colorie un cercle pour chaque aliment que tu vois et barre X chaque image que tu as comptée.**

③

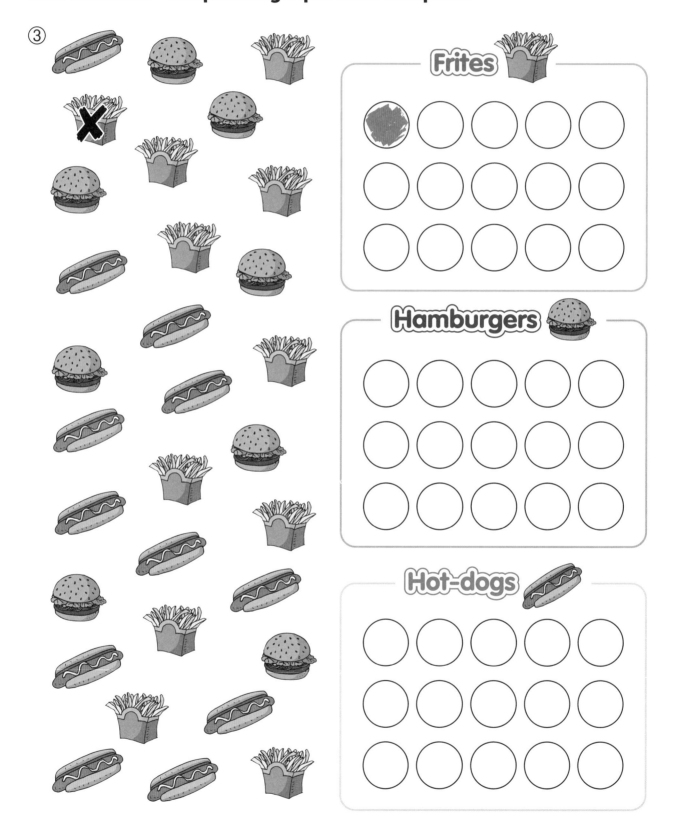

**Aide Jenny à trier ses choses en 3 groupes. Écris les règles. Colorie un cercle pour chaque objet que tu vois et barre X chaque image que tu as comptée.**

④

**Regarde les cartes ci-dessus. Réponds à la question de Jenny.**

⑤ Qu'ai-je le plus?

_____

# Les pictogrammes

- Lire des pictogrammes et utiliser des mots comparatifs pour décrire des données.

- Créer des pictogrammes pour montrer des données.

*La plupart des filles aiment les chiens.*

**Animaux préférés des filles**

*Ce n'est pas vrai. La plupart des filles aiment les chats.*

**Regarde le pictogramme. Encercle ○ les bonnes réponses.**

**Fruits dans le panier**

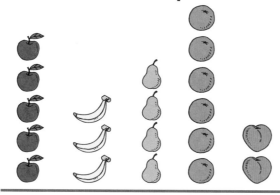

① Il y a   plus / moins   de pêches que de pommes.

② Il y a   plus / moins   de bananes que de poires.

③ Il y a  2 / 3 / 4  oranges de plus que les bananes.

④ Il y a  2 / 3 / 4  pêches de moins que les oranges.

⑤ Il y a  5 / 6 / 7  types de fruits dans le panier.

**Regarde le pictogramme. Réponds aux questions.**

**Sports préférés dans la classe de M<sup>me</sup> Smith**

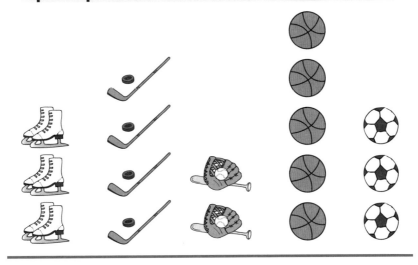

⑥ Combien d'enfants aiment-ils le hockey? _____ enfants

⑦ Combien d'enfants aiment-ils le soccer? _____ enfants

⑧ Combien plus d'enfants aiment-ils le hockey que le baseball? _____ de plus

⑨ Quel sport la plupart des enfants aiment-ils? _____

⑩ Si 2 filles aiment le basketball, combien de garçons aiment-ils le basketball? _____ garçons

⑪ *Je suis dans la classe de M<sup>me</sup> Smith. Je n'aime pas les jeux de ballon. Sais-tu quel sport est mon préféré?*

_____

**Regarde combien d'autocollants ont les enfants. Aide-les à colorier le pictogramme pour montrer l'information. Ensuite, réponds aux questions.**

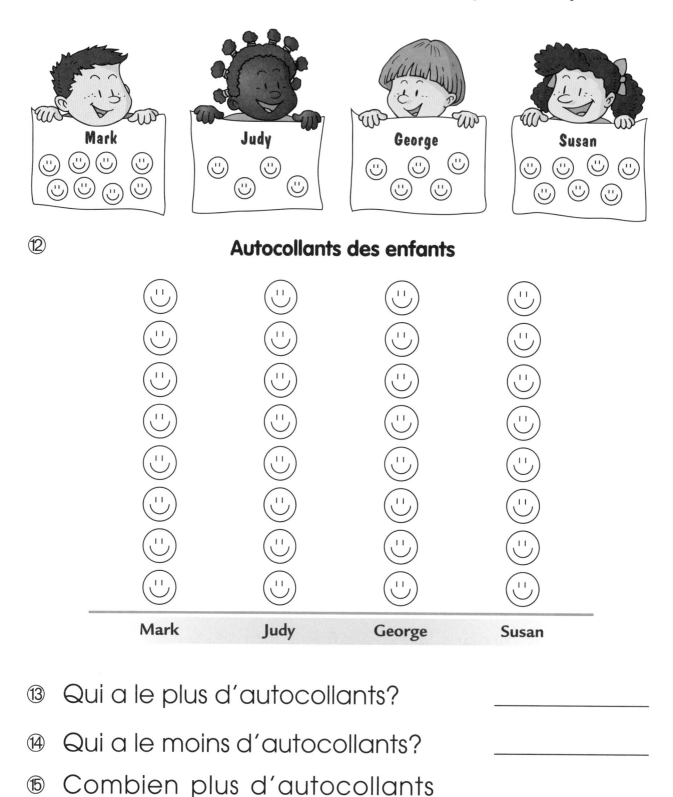

⑫ **Autocollants des enfants**

| Mark | Judy | George | Susan |
|------|------|--------|-------|

⑬ Qui a le plus d'autocollants? _____

⑭ Qui a le moins d'autocollants? _____

⑮ Combien plus d'autocollants Susan a-t-elle que George? _____ de plus

Regarde combien de poissons ont les chats. Aide-les à colorier le pictogramme pour montrer l'information. Ensuite, réponds aux questions.

⑯     **Nombre de poissons de chaque chat**

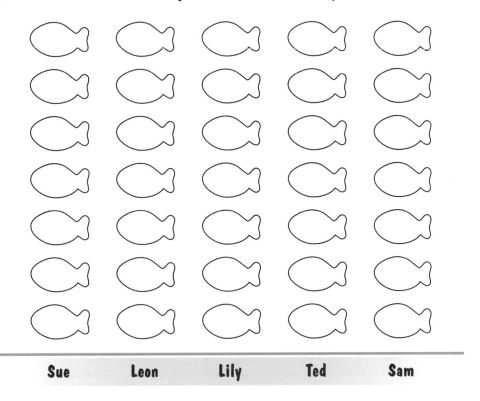

⑰  Qui a le plus de poissons?  _____

⑱  Qui a le moins de poissons?  _____

⑲  Combien de poissons Leon et Ted ont-ils?                                    ____ poissons

⑳  Combien de poissons les chats ont-ils en tout?                          ____ poissons

㉑  *Si j'enlève 9 poissons aux chats, combien de poissons auront–ils?*

____ poissons

# 27

# Les diagrammes concrets

- Lire et décrire des données présentées dans des diagrammes concrets.

- Remplir des diagrammes concrets pour montrer des données.

Il y a 2 hamburgers, 4 hot-dogs, 5 croquettes de poulet et 3 morceaux de fromage.

**Regarde le diagramme. Remplis les blancs.**

### Animaux de la ferme de M. Smith

① Il y a _____ vaches, _____ cochons, _____ poules et _____ canards.

② Il y a _____ types d'animaux dans la ferme de M. Smith.

③ Il y a _____ poules de plus que de vaches.

④ Si 5 porcelets naissent, il y aura alors _____ cochons en tout.

⑤ Si chaque poule pond 3 œufs, _____ œufs seront pondus en tout.

**Regarde comment les enfants de la classe de M<sup>me</sup> Green vont à l'école. Utilise le diagramme pour répondre aux questions.**

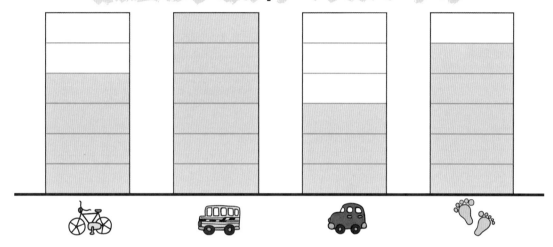

Comment les enfants vont à l'école

⑥ Combien d'enfants vont-ils à l'école

    a. à vélo? _____ enfants

    b. à pied? _____ enfants

⑦ Combien plus d'enfants vont-ils à l'école en autobus scolaire qu'en voiture? _____ de plus

⑧ Si 2 filles vont à l'école à pied, combien de garçons vont-ils à l'école à pied? _____ garçons

⑨ De quelle manière la plupart des enfants vont-ils à l'école? _____

⑩ *Je dois porter un casque quand je vais à l'école, comment vais-je à l'école?*

_____

**Regarde ce que veulent boire les enfants de la classe de M^me Taylor. Colorie le diagramme et réponds aux questions.**

| Boissons | Lait | Jus | Chocolat chaud | Boisson gazeuse | Slush | Eau |
|---|---|---|---|---|---|---|
| Nombre d'enfants | IIII | IIII | I | III | IIII II | IIII |

⑪

## Boissons que veulent les enfants

⑫ Combien d'enfants aiment-ils

    a. le jus? _____ enfants

    b. l'eau? _____ enfants

⑬ Combien d'enfants y a-t-il dans la classe de M^me Taylor? _____ enfants

⑭
> *En quelle saison crois-tu que j'ai fait cette enquête, en été ou en hiver? Pourquoi?*

_____

**Regarde combien de combos Bill veut commander pour la fête. Aide-le à colorier le diagramme concret pour montrer sa commande. Ensuite, réponds aux questions.**

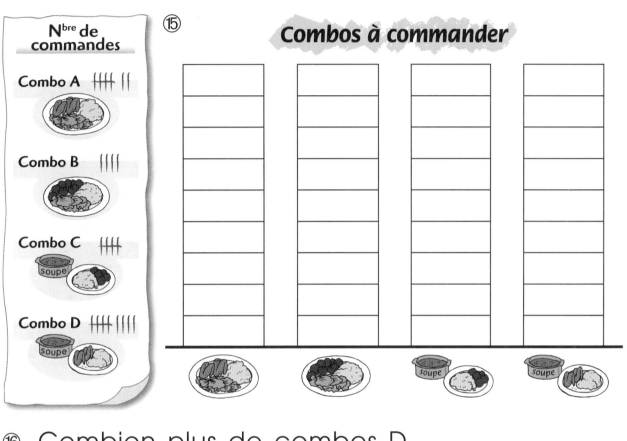

⑮ **Combos à commander**

⑯ Combien plus de combos D Bill commandera-t-il que les combos B?

_____ de plus

⑰ Quel combo commandera-t-il le plus?

_____

⑱ Combien de combos seront commandés en tout?

_____ combos

⑲ *Si je prends tous les combos avec des ailes de poulet, combien de combos aurai-je?*

_____

# La probabilité

- Utiliser des mots tels que « impossible », « improbable », « moins probable », « plus probable » et « certain » pour décrire la probabilité de chaque événement.

**Lesquels des scénarios suivants sont susceptibles de se produire? Colorie-les.**

①

②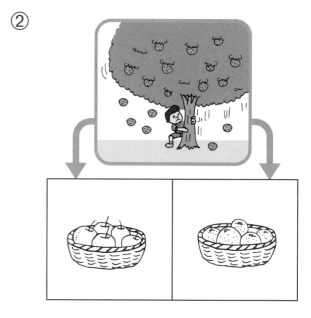

③

④

**Écris « impossible » ou « certain » pour décrire chaque paire de scénarios.**

⑤

a. _____

b. _____

⑥

a. _____

b. _____

⑦

a. _____

b. _____

⑧

a. _____

b. _____

**Lis ce que disent les enfants. Ensuite, écris « impossible », « improbable », « probable » et « certain » pour décrire les possibilités.**

⑨ *Je viens de manger un grand dîner, mais j'aurai faim dans une minute.*

_____

⑩ *Mon frère a un mauvais rhume et maman vient de l'emmener chez le médecin. Mon frère va se sentir mieux après.*

_____

⑪ *Je vais finir deux bouteilles d'eau demain lors de ma sortie.*

_____

⑫ Il est _____ que j'ai(e) un plateau de fruits de mer comme déjeuner.

⑬ Il est _____ que j'ai(e) deux saucisses et un œuf comme déjeuner.

⑭ Il est _____ que je finis(se) mon déjeuner en une heure.

Utiliser des mots simples pour décrire les possibilités :

impossible    improbable    probable    certain

*Il est plus probable de tomber sur* 🦴 *que sur* 🍭 .

**Regarde les images. Remplis les blancs avec les mots « plus » ou « moins ».**

⑮

a. Il est _____ probable de tomber sur 🍦 que sur 🧁 .

b. Il est _____ probable de tomber sur 🧁 que sur 🍧 .

⑯

a. Il est _____ probable de piocher ♥ que 🌀 .

b. Il est _____ probable de piocher ⭐ que 🌀 .

**Colorie la roue selon ce que dit la souris.**

⑰ *Il est plus probable de tomber sur le jaune que sur le vert.*

# Français

# La rentrée

## Les noms au singulier et au pluriel

Un nom au **singulier** désigne une personne, un animal, un lieu ou une chose.

Un nom au **pluriel** désigne plus d'une chose. On voit en général des mots en -s.

Exemples :

| singulier (sg.) | pluriel (pl.) |
| --- | --- |
| élève | élève**s** |
| stylo | stylo**s** |

**A. Regarde l'image. Écris les mots au pluriel.**

un professeur · une horloge · un calendrier · singulier pluriel · un tableau noir · un crayon · un ordinateur · un livre · une règle · un pupitre · une élève · un cahier · une efface · une chaise

1.

des _____

2.

des _____

3.

des _____

4.

des _____

5.

des _____

6.

des _____

7.

des _____

**B.  Regarde les objets.  Écris le nombre d'objets et leurs noms.**

1.

_____  _____

2.

_____  _____

3.

_____  _____

1 – un

2 – deux

3 – trois

4 – quatre

5 – cinq

6 – six

7 – sept

8 – huit

9 – neuf

10 – dix

# Tout sur moi!

### L'expression orale : « j'ai »

On peut utiliser cette expression pour dire ce qu'on possède.

Exemple :

J'ai un nez.

## A. Remplis les blancs avec les bons mots.

la tête

les cheveux

les yeux*

l'oreille

le nez

1. _____

2. _____

3. _____

4. _____

les genoux

les jambes

*l'œil (au singulier)

le pied

les orteils

le bras

les doigts

la bouche

la main

**B. Nomme les parties du corps.**

1.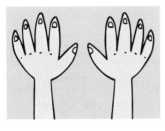

les _____

2.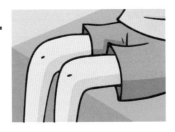

les _____

3.

l'_____

4.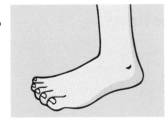

le _____

5.

la _____

6.

le _____

**C. Remplis les blancs avec les mots donnés et les nombres.**

mains    yeux    queue

1.

*J'ai une _____ .*

2.

*J'ai _____ _____ .*

3.

_____

# Ma famille

### Le mot interrogatif : « qui »

On peut utiliser **qui** dans une question pour désigner une personne ou des personnes.

Exemple :

**A. Regarde la famille de Paul. Réponds aux questions.**

1. Qui est Claudette?

   Elle est ma _____.

2. Qui est Carole?

   Elle est ma _____.

3. Qui est Charles?

   Il est mon _____.

4. Qui est ma sœur?

   _____

   Qui est mon grand-père?

   _____

**B. Dessine les images de deux membres de ta famille. Ensuite, nomme-les.**

mon/ma _____

mon/ma _____

# Notre nouvelle maison

## Le mot interrogatif : « où »

On peut utiliser **où** dans une question pour désigner un endroit.

Exemple : **Où** est ma maman?
　　　　　Elle est au sous-sol.

**A.** **Remplis les blancs avec les mots donnés.**

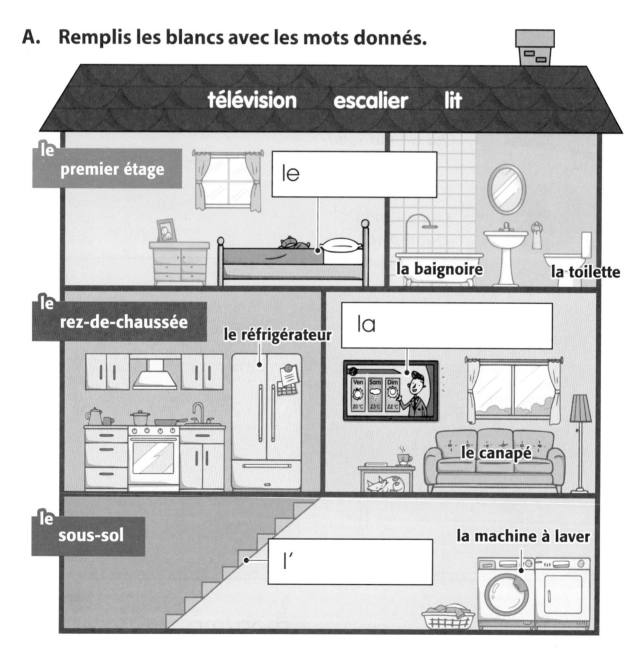

télévision　　escalier　　lit

le **premier étage**

le _____

la baignoire　　la toilette

le **rez-de-chaussée**

le réfrigérateur

la _____

le canapé

le **sous-sol**

l' _____

la machine à laver

**B. Regarde l'image encore une fois. Complète les questions.**

1. **Question**    Où est la _____ ?

     **Réponse**    La machine à laver est au sous-sol.

2. **Question** _____

     **Réponse**    Le canapé est dans la salle de séjour.

3. **Question** _____

     **Réponse**    Le lit est dans la chambre à coucher.

**C. Complète les mots croisés.**

sèche-linge    lavabo
lampadaire    cuisine

**A** où on se lave les mains dans la salle de bain

**B** à côté de la machine à laver

**C** où on prépare des plats au rez-de-chaussée

**D** lampe dans la salle de séjour

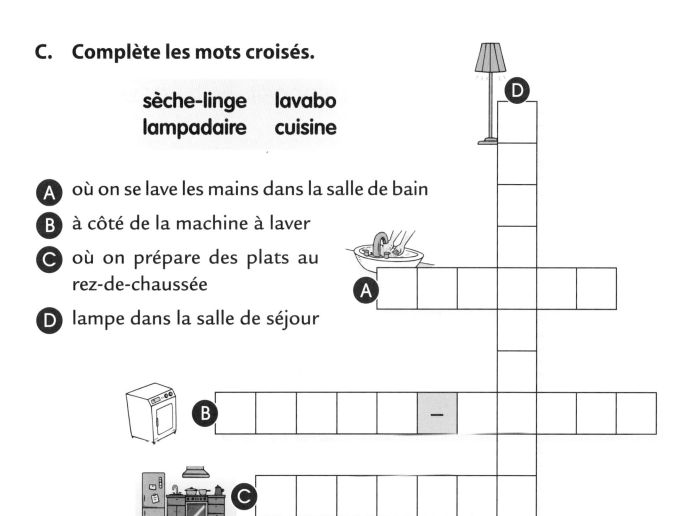

# 5

# Les sports

## Les expressions orales : « faire de » et « jouer à »

On peut utiliser ces expressions pour parler de sports :

**faire de** + une activité sportive

**jouer à** + un jeu sportif en équipe

Exemples :

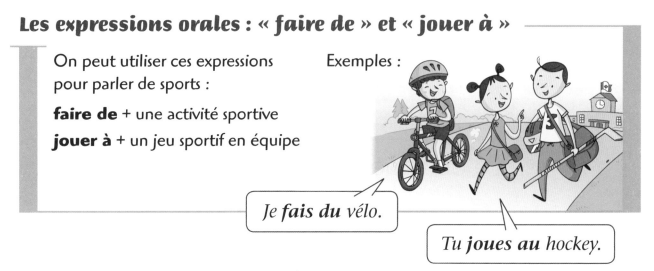

*Je **fais du** vélo.*

*Tu **joues au** hockey.*

## A. Lis le texte. Écris les noms des sports.

Inès est une fille très sportive. Elle aime faire du sport. Tous les dimanches, elle fait de la natation. À l'école, elle joue au basketball et au soccer. En hiver, elle peut faire du patinage. Son nouveau but est d'apprendre à faire du ski.

1.

le _____

2.

la _____

3.

le _____

4.

le _____

5.

le _____

**B. Encercle ◯ les bonnes réponses.**

1. Émile joue au **tennis / hockey** sur glace.

2. Claudine fait de la **natation / patinage** dans la piscine.

3. Timothée fait du **soccer / tir à l'arc** .

# À l'épicerie

## *Les phrases affirmatives et négatives*

**Ne (N')**...**pas** encadrent un verbe conjugué pour former une **phrase négative**.

Exemple : Maman achète du lait. (affirmative)

Maman **n'**achète **pas** de lait. (négative)

| affirmative | négative |
|---|---|
| Je danse. | Je **ne** danse **pas**. |
| Elle arrive. | Elle **n'**arrive **pas**. |
| | voyelle |

**A. Lis le texte. Coche ✔ ce qu'elles achètent dans la liste de courses.**

Aujourd'hui, maman et moi allons à l'épicerie pour faire des courses. Ici, nous achetons beaucoup de fruits comme les pommes, les oranges, les raisins et les melons d'eau.

Nous achetons des brocolis, des carottes et du maïs. Maman achète aussi du lait, du yogourt, du pain et des croissants au chocolat comme déjeuner.

## Notre list de courses

| Déjeuner | Légumes | Fruits |
|---|---|---|
| ○ Café | ○ Brocolis | ○ Oranges |
| ○ Thé | ○ Épinards | ○ Ananas |
| ○ Lait | ○ Champignons | ○ Avocats |
| ○ Yogourt | ○ Oignons | ○ Raisins |
| ○ Gâteaux | ○ Carottes | ○ Melons d'eau |
| ○ Pain | ○ Maïs | ○ Pêches |
| ○ Croissants au chocolat | | ○ Pommes |

**B. Transforme les phrases affirmatives en forme négative.**

1. À l'épicerie, les légumes sont frais.

   À l'épicerie, les légumes _____ sont _____ frais.

2. Maman aime les oranges et les ananas.

   Maman _____ aime _____ les oranges et les ananas.

3. Maman et moi allons à l'épicerie.

   _____

4. À l'épicerie, les gâteaux coûtent cher.

   _____

# J'aimerais être...

## Le vocabulaire : les métiers

le médecin
l'infirmière
la danseuse
le photographe
la pompière
la boulangère

**A. Lis le texte. Écris les noms de métiers au masculin ou au féminin.**

Mon père est pompier. Ma mère travaille comme professeure à l'école. Mon frère est boulanger. Il fait beaucoup de pains à la boulangerie. Et ma sœur est photographe. Elle prend de belles photos.

Moi, j'aimerais être médecin à l'avenir. J'aime aider beaucoup de personnes en besoin.

1.

le _____

la médecin

2.

le boulanger

la _____

3.

le _____

la _____

4.

_____ _____

_____ _____

**B.   Lis la description de chaque personne.  Écris son métier.**

*J'aime beaucoup danser. Je danse sur scène.  Qui suis-je?*

*J'enseigne à l'école.  Je parle devant mes élèves. Qui suis-je?*

1. _____

2. _____

# 8

# Au zoo

## L'expression orale : « il y a »

L'expression **il y a** sert à indiquer l'existence de quelque chose ou de quelqu'un.

Exemple :  Au zoo, **il y a** beaucoup d'animaux.

**A.   Lis le texte.  Utilise l'expression « il y a » pour décrire combien d'animaux il y a au zoo.**

Cette fin de semaine, ma famille et moi allons visiter le zoo.  Il y a beaucoup d'animaux intéressants que nous allons visiter : trois girafes, un éléphant, cinq zèbres et deux lions.

Mes parents nous disent qu'il y a beaucoup d'oiseaux. Ils sont colorés.

Je suis impatient de visiter ces animaux!

Ⓐ Il y a un _____ .

Ⓑ _____

Ⓒ _____

Ⓓ _____

**B. Remplis les blancs avec les noms d'animaux.**

 Au zoo, il y a beaucoup d'_____ colorés.

 Au zoo, les _____ sont noirs et blancs.

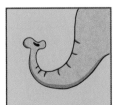 Au zoo, l'_____ a un long nez.

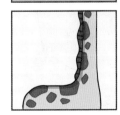 Au zoo, les _____ ont un long cou.

# L'Halloween

**Le vocabulaire : l'Halloween**

la bougie

la citrouille

le pirate

les bonbons

la sorcière

le balai

**A. Écris les mots dans le texte selon les images.**

À la fin d'octobre, c'est l'Halloween.  On décore

une _____ . On place

ensuite une _____

dedans.

Cette Halloween, ma sœur

et moi nous déguisons.

Moi, je me déguise en

_____ . Ma sœur

se déguise en _____

avec un _____  . Nous

passons de porte en porte pour

recueillir des _____ dans notre quartier.

C'est une soirée inoubliable!  Joyeuse Halloween!

**B.  Trace une ligne pour associer chaque mot de l'Halloween à la bonne image.**

l'araignée

la maison hantée

le fantôme

la chauve-souris

# Une soirée chez grand-papa

## Les expressions avec « avoir »

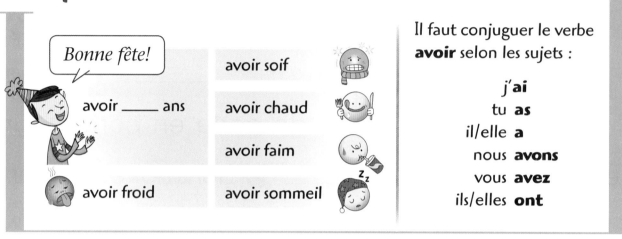

## A. Remplis les blancs avec le verbe « avoir ».

| avoir faim | avoir sommeil |
|---|---|
| J'_____ faim. | J'_____ sommeil. |
| Tu _____ faim. | Tu _____ . |
| Il _____ faim. | Il _____ . |
| Elle _____ faim. | Elle _____ . |
| Nous _____ faim. | Nous _____ . |
| Vous _____ faim. | Vous _____ . |
| Ils _____ faim. | Ils _____ . |
| Elles _____ faim. | Elles _____ . |

**B.  Lis le texte.  Encercle ◯ les bonnes réponses.**

*Le 5 août*

*Cher journal,*

*Aujourd'hui, je rends visite à grand-papa avec ma famille. Grand-papa a 80 ans mais il est toujours en bonne santé. Nous jouons ensemble.  Il fait soleil.  Nous avons soif et nous avons chaud.  Donc, nous prenons de l'eau.*

*J'ai faim.  Grand-papa prépare un souper.  Nous passons une soirée agréable chez grand-papa.*

*À plus tard,*
**Jeanne**

1.  /     a 80 ans.

2.  /       ont soif.

3.  /     a faim.

4.      ont froid / ont chaud   .

# 11

# Le ciel bleu

## L'accord des adjectifs

Un **adjectif** s'accorde :

• en **genre**
(masculin ou féminin)

• en **nombre**
(singulier ou pluriel)

Exemple :

| | | masculin (m.) | féminin (f.) |
|---|---|---|---|
| | singulier (sg.) | grand | grand**e** |
| | pluriel (pl.) | grand**s** | grand**es** |

*Nous sommes grand**es**!*

---

**A.  Complète le tableau avec différentes formes des adjectifs.**

| masculin singulier | féminin singulier | masculin pluriel | féminin pluriel |
|---|---|---|---|
| bleu | | | |
| petit | | | |
| | grande | | |
| | | contents | |
| | différente | différents | |
| | | | lourdes |

**B.** Encercle ◯ les adjectifs du texte. Remplis les blancs avec les bons adjectifs à l'aide des indices. Fais l'accord si nécessaire.

Mon amie et moi aimons regarder le ciel bleu.

Nous voyons des nuages blancs et de petits oiseaux de différentes couleurs.

Certains sont lourds. Certains sont grands devant nos yeux.

Nous sommes contentes de regarder le ciel bleu.

1.

Ce chat est _____ (poids).

2.

Les bleuets (m.pl.) sont _____ (couleur) et _____ (taille).

# 12

# L'histoire de l'ananas

## Le son [a]

Le **son** [a] s'écrit de façons suivantes :

| a | â | à |
|---|---|---|
| tom**a**te | **â**ne | voil**à** |
| cl**a**sse | g**â**teau | l**à** |

un âne

**A. Encercle ◯ le son [a] dans le texte.**

L'ananas est un des fameux fruits aux marchés. Originaire d'Amérique du Sud, l'ananas a migré vers l'Amérique centrale et les Caraïbes. Grâce à Christophe Colomb, l'ananas est devenu populaire en Europe. Le mot *ananas* signifie « parfum » en tupi-guarani (langue indigène en Amérique du Sud).

Aujourd'hui, tout le monde aime manger des ananas. On peut les utiliser pour faire un gâteau. Délicieux!

**B.** **Trace une ligne pour associer chaque mot à la bonne image. Ensuite, colorie le son [a] dans chaque mot.**

ananas •

table •

aller à l'école •

château •

canapé •

gâteau •

# Anaïs, ma chatte mignonne

**Le son [i]**

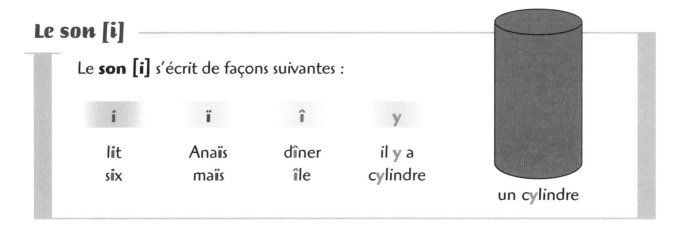

Le **son** [i] s'écrit de façons suivantes :

| **i** | **ï** | **î** | **y** |
|---|---|---|---|
| lit | Anaïs | dîner | il **y** a |
| six | maïs | île | c**y**lindre |

un c**y**lindre

**A.  Encercle ◯ le son [i] dans le texte.**

J'aime ma chatte Anaïs.  Elle a six ans.  Elle aime se cacher derrière mon lit.  Parfois, quand il y a un orage, elle a peur et se cache sous le lit.  Toutes les nuits, elle aime dormir avec moi.  Nous sommes amies. Nous jouons, nous dînons et nous vivons ensemble. Anaïs, quelle chatte mignonne!

**144**    Programme canadien complet • 1ʳᵉ année

**B. Complète les mots selon la lettre donnée du son [i].**

i

l☐t

sk☐

ï

ma☐s

Ana☐s la chatte

ou☐e

î

☐le

d☐ner

y

c☐gne

x☐lophone

hocke☐

# L'ukulélé

**Le son [y]**

Le **son** [y] s'écrit de façons suivantes :

| u | û |
|---|---|
| jupe | sûr |
| tortue | flûte |

une flûte

Exceptions :

| au | qu |
| un | ou |
| gu | eau |

**A. Encercle ◯ le son [y] dans le texte.**

L'ukulélé est un petit instrument de musique d'origine hawaïenne. Il ressemble à une petite guitare à quatre cordes. En 1879, les Portugais sont arrivés à Hawaï pour travailler. Ils ont introduit « machete » aux Hawaïens. Le « machete » est devenu populaire et on l'a appelé « ukulélé ».

Un ukulélé a quatre parties : la tête, la manche, la caisse de résonance et les cordes.

les cordes

la tête
la manche
la caisse de résonance

**B. Colorie les images si les mots ont le son [y].**

bus

guitare

cuisine

bûche

roue

rue

mur

chèque

musicien

quand

seau

# Les manchots

## Le son [o]

Le **son** [o] s'écrit de façons suivantes :

| o | ô | au | eau |
|---|---|---|---|
| ph**o**t**o** | h**ô**tel | ch**au**ssures | gât**eau** |
| vél**o** | h**ô**pital | d**au**phin | chât**eau** |

un chât**eau**

**A. Encercle ◯ le son [o] dans le texte.**

Les manchots sont des oiseaux marins.  Ils habitent en Antarctique et au large des côtes d'Afrique et d'Australie.  Le plus grand manchot est l'empereur.  Il est de 120 cm.  Les manchots mangent des poissons. Les manchots femelles pondent un ou deux œufs. Quand les femelles sont à la recherche de nourriture, les mâles protègent les œufs sous leur peau.

# Le son [o] en -eaux

Les mots qui se terminent en **-eau** prennent **x** au pluriel.

La prononciation reste le même [o].

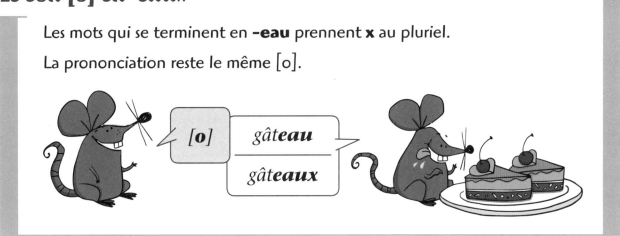

[o]  *gâteau*
     *gâteaux*

**B. Place les mots donnés selon leur orthographe du son [o]. Écris-les sur les lignes.**

| chaud | manchots | Australie | peau |
| agneaux | hôtel | oiseaux | pôle |
| côte | métro | haut | photo |

o          ô          au          eau(x)

_____  _____  _____  _____

_____  _____  _____  _____

_____  _____  _____  _____

# Une lettre pour une nouvelle amie

## Les noms communs

Un **nom commun** désigne une personne ou une chose. Il commence toujours par une **minuscule**.

Exemples :

 une lettre     une photo

**A.  Lis le texte. Colorie les maisons qui ont un nom commun.**

*Bonjour Kiyoka,*

*Je m'appelle Sammy. Votre professeure, M^me Dubois, est ma cousine. J'aimerais être votre correspondante.*

*Sammy est mon surnom. Sa forme longue est Samantha. J'ai sept ans. Ma mère s'appelle Mandy et mon père s'appelle Greg. J'ai un chien. Son nom est Choco. Nous habitons au Canada.*

*J'attends votre lettre.*

*Enchantée,*

*Sammy*

*P.-S. C'est une photo de moi avec mon amie Emi et Choco. Emi porte une casquette.*

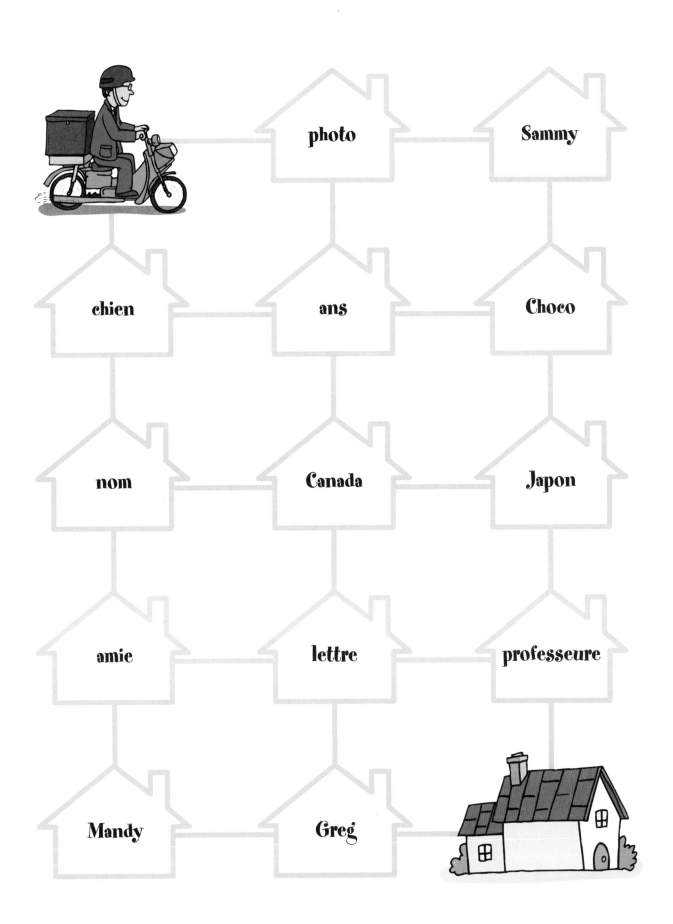

photo

Sammy

chien

ans

Choco

nom

Canada

Japon

amie

lettre

professeure

Mandy

Greg

# Une lettre du Japon

*Bonjour Sammy,*

*Merci beaucoup pour votre lettre. M^me Dubois est une bonne professeure.*

*J'habite au Japon. J'ai huit ans. Ma sœur s'appelle Keiko et elle a six ans. Ma mère s'appelle Hana et mon père s'appelle Kenichi. Mon grand-père et ma grand-mère vivent avec moi.*

*C'est une photo de moi avec ma sœur et ma chatte Pekko. C'est votre nom en japonais. J'attends aussi votre lettre.*

*Cordialement,*

Kiyoka Nakano

**A.** **Regarde la photo de la famille de Kiyoka. Écris les noms.**

**Kiyoka**     **Keiko**     **Hana**     **Kenichi**     **Pekko**

1.

2.

3.

4.

5.

**B.** **Coche ✔ si les phrases sont correctes.**

1. M^me Dubois est professeure. ____

2. Kiyoka habite au Japon. ____

3. Kiyoka vit avec ses grands-parents. ____

4. Keiko est la sœur de Kiyoka. ____

5. Keiko a huit ans. ____

## Les noms propres

> Un **nom propre** désigne une personne, un animal, un endroit ou une chose spécifiques. Il commence toujours par une **majuscule**.
>
> Exemples : **J**apon **C**anada **K**eiko

**C. Encercle ◯ le(s) nom(s) propre(s) dans chaque phrase.**

1. Sammy habite au Canada.

2. Mᵐᵉ Dubois travaille à l'école.

3. Je suis né à Tokyo, au Japon.

4. Le Roi Lion est un film intéressant.

5. Il s'agit d'un lion qui s'appelle Simba.

6. Je vais à l'école Sacré-Cœur.

7. Montréal est une belle ville.

8. Cette grande chatte s'appelle Pekko.

**D. Remplace chaque mot souligné par un nom propre. Réécris les phrases.**

*Il faut écrire une majuscule pour un nom de lieu.*

1. <u>Mon ami</u> aime jouer avec moi.

   _____

2. Je nourris <u>mon chien</u> tous les matins.

   _____

3. Mon cousin travaille <u>en ville</u>.

   _____

4. Il lit <u>un conte pour enfants</u>.

   _____

5. <u>Elle</u> est une bonne professeure à mon école.

   _____

# Le club de lecture

Mes amis et moi participons à un club de lecture. Tous les samedis matin, nous allons à la bibliothèque.

Ici, un bibliothécaire nous raconte des histoires. Ensuite, nous racontons notre histoire favorite à tout le monde. Après le club, nous empruntons des livres.

Nous aimons notre club de lecture.

**A. Colorie les livres pour les activités du club de lecture.**

1. Les enfants vont à l'école.

2. Les enfants participent au club tous les samedis.

3. Les enfants racontent leurs histoires.

4. Les enfants empruntent des livres.

**B. Dessine la couverture de ton livre préféré. Écris une phrase pour expliquer pourquoi tu l'aimes.**

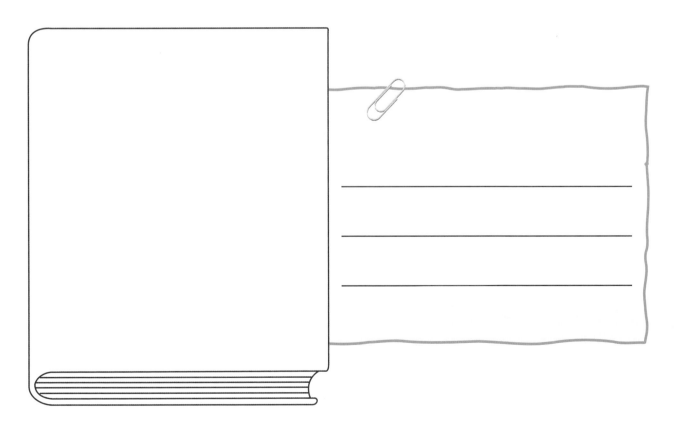

## L'emploi des majuscules

Une **majuscule** s'emploie selon ces règles :

| Règles | Exemples |
|---|---|
| Noms de pays et de villes | **C**anada; **M**ontréal |
| Noms de personnes | **J**ean; **A**nne |
| En début de phrase | **N**ous parlons français. |

*Bonjour, je m'appelle **Z**oé. **J**e viens du **C**anada.*

**C.** **Écris les mots avec la majuscule dans le tableau.**

élisabeth        toronto        france

je suis élève.        albert

québec        paul

c'est intéressant!

nous sommes amies!

| Noms de pays et de villes | Noms de personnes | En début de phrase |
|---|---|---|
| | | |
| | | |
| | | |

**D. Corrige et réécris les phrases.**

1. Salut!  Je m'appelle ollie.

   _____

2. je suis un bébé kangourou.

   _____

   _____

3. J'ai trois Mois.

   _____

4. Ma famille et moi habitons en australie.

   _____

   _____

5. J'habite Avec ma mère et mon père.

   _____

   _____

6. nous pouvons sauter haut dans la jungle.

   _____

   _____

# Une tempête de neige

*Chère Kiyoka,*

*Il y a une grande tempête de neige aujourd'hui. Donc, toutes les écoles sont fermées.*

*Je reste à la maison. Voici les choses que je fais :*

*- Faire un bonhomme de neige.*

*- Faire des biscuits au chocolat.*

*- Jouer avec Choco.*

*- T'écrire une lettre!*

*Je passe une bonne journée chez moi, mais j'espère pouvoir aller à l'école demain.*

*Ton amie,*

Sammy

## A. Coche ✔ ce que fait Sammy.

## B. Que ferais-tu lors d'une tempête de neige? Dessine une image et écris une phrase.

_____

## La ponctuation (1)

Parfait!

Toutes les phrases se terminent par un **signe de ponctuation**.

- **.** Une phrase déclarative : Il est grand**.**
- **?** Une phrase interrogative : Qu'est-ce que c'est**?**
- **!** Une phrase exclamative : Parfait**!**

**C. Complète chaque phrase avec un bon signe de ponctuation.**

1. Comment ça va, grand-maman

2. J'ai fait un gâteau avec maman

3. Il goûte très bon

4. Il fait beau

5. C'est super

6. Où est grand-papa

7. Grand-papa, est-ce que tu es là

8. Est-ce que tu viens chez nous demain

## La ponctuation (2)

Une **virgule** (,) sert à séparer les éléments dans une phrase.

Exemple : J'adore les biscuits, les gâteaux et les tartes aux fruits.

**Attention!**

pas de virgule devant « ou » et « et »

**D. Ajoute correctement une (des) virgule(s) dans chaque phrase.**

1. Jasmine David et moi allons nager dimanche.

2. Le rose le bleu et le vert sont mes couleurs favorites.

3. Le printemps l'été l'automne et l'hiver sont les quatre saisons.

4. Apporte de la colle des ciseaux et du papier à la classe demain.

5. Je bois de l'eau du jus d'orange et du jus de pomme.

6. Est-ce que tu veux une sucette un bonbon ou un chocolat?

# Ma maman,
## une élève

Ma maman travaille dans une cuisine à l'hôpital. Elle prépare des repas sains.

Ma maman aime travailler à l'hôpital. Elle commence à réfléchir à comment aider les patients.

Alors, elle fait ses études à l'école.

Maintenant, ma maman et moi sommes élèves. Nous étudions fort. Quand elle finit ses études, elle sera infirmière.

Je suis fier de ma maman.

**A.** **Encercle ⬭ les bons mots pour compléter les phrases.**

1. La mère du garçon travaille dans la cuisine __ .

   à l'école        à l'hôpital        au restaurant

2. Ces personnes à l'hôpital mangent __ .

   des desserts      des repas sains      de la confiture

3. La mère du garçon veut devenir __ .

   infirmière        médecin        chef

4. Le garçon est __ .

   enseignant        élève        chanteur

**B.** **Remplis les blancs avec les mots du texte.**

1. Les infirmières s'occupent des _____ .

2. Mes grands-parents mangent trois _____ par jours.

3. Le père d'Éric sauve beaucoup de personnes. Il est _____ de lui.

4. Il faut étudier _____ pour obtenir de bonnes notes.

## Les sujets

Le **sujet** d'une phrase désigne de qui ou de quoi s'agit la phrase.

Exemple : **Ma maman** étudie fort.

**C.   Encercle ◯ le sujet de chaque phrase.**

1. Ma maman fait de petits gâteaux.

2. J'adore ses pâtisseries.

3. Les beignes sont les meilleurs.

4. Papa peut manger cinq beignes en même temps.

5. Nos voisins apprennent à faire des gâteaux.

6. M<sup>me</sup> Leblanc peut faire des tartes délicieuses.

7. Ses fils mangent des tartes comme déjeuner.

8. Ils demandent à leur mère de faire des tartes.

**D. Regarde chaque image. Complète la phrase avec le bon sujet.**

enfants     frères     fille     garçon     chien

1.

La _____ a un chien mignon.

2.

Les deux _____ jouent avec leurs jouets.

3.

Le _____ aime jouer.

4.

Les _____ font du vélo dans le parc.

5.

Le _____ écrit une lettre pour son ami.

# Le gros navet
## – un conte russe

Un jour, un paysan veut planter son potager. Il aime les navets mais sa femme aime les pois. Son fils aime les haricots. Sa fille aime les carottes. Enfin, ils décident de planter un navet.

Bientôt, le navet pousse.

En été, le paysan tire ce grand navet. La femme le tire. Leurs enfants viennent les aider aussi.

Finalement, le navet sort. La famille peut préparer une soupe au navet.

**A. Associe chaque personne à son légume préféré. Écris les lettres.**

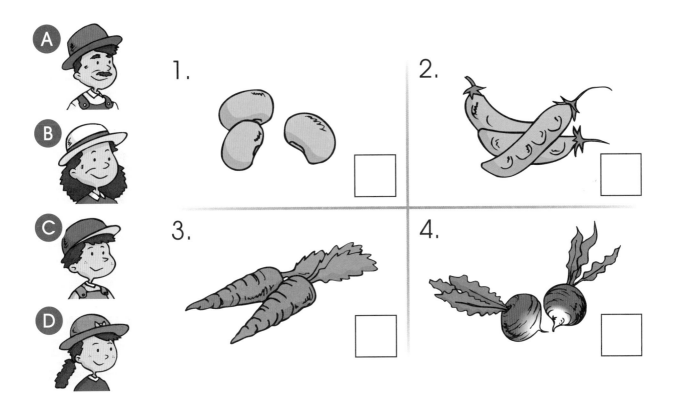

**B. Mets les phrases dans l'ordre. Écris de 1 à 5 sur les navets.**

 La femme aide à tirer le navet.

 Le paysan veut planter son potager.

 La famille fait une soupe au navet.

 Le navet pousse.

 Leurs enfants les aident.

### Les pronoms

Un **pronom** remplace un nom. Voici les pronoms :

| | | | | |
|---|---|---|---|---|
| singulier | je | tu | il | elle |
| pluriel | nous | vous | ils | elles |

Exemple : **Le paysan** aime les navets. **Il** plante une graine de navet.

**C. Remplace chaque mot souligné par « il », « ils », « elle » ou « elles ».**

1. <u>Le paysan</u> est dans le jardin. _____ s'occupe de ses plantes.

2. Il aime planter <u>des navets</u>. _____ deviennent très grands.

3. Sa femme prépare <u>une soupe</u>. _____ sent bon.

4. Leur fille aime <u>les carottes</u>. _____ sont délicieuses.

5. <u>Leur fils</u> aime les haricots. _____ veut avoir un jardin de haricots.

**D.   Encercle ◯ les bons pronoms.**

| « Aller » au présent | |
|---|---|
| je **vais** | nous **allons** |
| tu **vas** | vous **allez** |
| il **va** | ils **vont** |
| elle **va** | elles **vont** |

1. Je  Ils   vais planter des

dans le jardin.  C'est l'anniversaire

de  .   2. Ils  Elle   aime les  . Je demande donc

à mes amis : «   3. Nous  Vous   allez m'aider à planter

des  ? »

 me donne des bulbes de 🌷 .   4. Il  Elle   me dit :

«  5. Ils  Elles   vont fleurir au printemps.   6. Tu  Elle   vas

avoir un jardin coloré. »   7. Vous  Nous   allons donc

planter des fleurs

ensemble.

Un renard marche dans la jungle. Soudainement, il voit un tigre et dit : « Je suis le roi de la jungle! »

Le tigre dit au renard : « Tu n'es qu'un renard! »

Le renard dit au tigre : « Tous les animaux ont peur de moi! Suis-moi! »

Le tigre suit le renard. Quand les cerfs voient le tigre derrière le renard, ils courent! Puis, le renard et le tigre voient les singes. Ils courent aussi.

# Le roi de la jungle

« Tu es le roi de la jungle! », dit le tigre.

**A.   Écris les noms des animaux.**

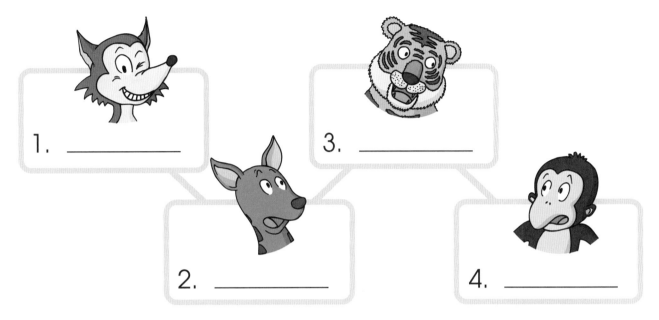

1. _____

2. _____

3. _____

4. _____

**B.   Mets les phrases dans l'ordre.  Écris-les sur les lignes.**

- Les singes courent aussi.
- Le tigre suit le renard.
- Les cerfs ont peur et courent.
- Le renard voit le tigre.
- Le tigre dit que le renard est le roi de la jungle.

1. _____

2. _____

3. _____

4. _____

5. _____

## L'ordre des mots dans les phrases

L'**ordre d'une phrase** est important. Changer l'ordre d'une phrase peut changer son sens.

Exemple : Le chien promène la fille. (✗)
La fille promène le chien. (✔)

**C.** **Regarde chaque image. Colorie le cercle ⬭ pour la bonne phrase.**

1.  Le renard est dans la jungle. ◯

La jungle est dans le renard. ◯

2.  Le lapin poursuit le renard. ◯

Le renard poursuit le lapin. ◯

3. Le soleil est derrière les nuages. ◯

Les nuages sont derrière le soleil. ◯

4.  Le poisson mange le chat. ◯

Le chat mange le poisson. ◯

**D.  Mets les mots dans l'ordre pour écrire les phrases.**

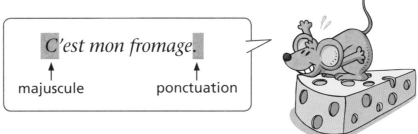

*C'est mon fromage.*

↑ majuscule     ↑ ponctuation

1. aime     fromage     la     souris     manger     du

   _____

2. colorées     fleurs     les     sont

   _____

3. écrit     Antoine     lettre     une

   _____

4. est     préféré     livre     quel     ton

   _____

5. l'eau     prennent     les     chiens     de

   _____

6. bibliothèque     la     Susanne     à     va

   _____

7. met     elle     jouets     ses     boîte     la     dans

   _____

# M. Musique, l'homme-orchestre

Salut! Je m'appelle M. Musique et je suis homme-orchestre!

Qu'est-ce qu'il y a sur mes genoux? Ce sont les cymbales.

Qu'est-ce que tient la main droite? C'est une baguette. Je frappe le tambour avec elle.

Qu'est-ce qu'il y a sur les chevilles? Ce sont les grelots. Je les secoue.

Qu'est-ce qu'il y a à côté de la main gauche? C'est un clavier.

Qu'est-ce qu'il y a devant la bouche? C'est un harmonica.

Tapez dans les mains, mes amis!

**A.  Regarde les indices.  Complète les mots croisés.**

**B.  Encercle ⃝ les bonnes réponses.**

1. Il y a _____ personne(s) dans le groupe de musique de M. Musique.

    deux          trois          une

2. M. Musique frappe son tambour avec _____ .

    une main     une baguette     un bâton

## Les verbes

La plupart des **verbes** sont des mots d'action.

Exemple : Paul et moi **chantons**.

**C.   Colorie les clowns si les mots soulignés sont des mots d'action.**

1.   Nous <u>allons</u> à une fête d'anniversaire.

2.   Il <u>donne</u> un cadeau à Agnès.

3.   Agnès reçoit le <u>cadeau</u>.

4.   Elle <u>joue</u> du piano.

5.   Nous chantons une <u>chanson</u>.

6.   Sa mère <u>fait</u> un gâteau.

7.   Elle <u>met</u> six bougies sur le gâteau.

8.   Ses parents allument les <u>bougies</u>.

**D. Regarde l'image. Écris les verbes des enfants.**

taper     secouer     tenir     frapper

1. t_____

2. f_____

3. s_____

4. t_____

# Mon nouveau chien

« Regarde mon nouvel animal de compagnie, Timothée! »

« C'est un beau chien! »

« Oui!  Il s'appelle Félix.  Il a des poils roux. »

« Tu l'as acheté dans une animalerie, Émilie? »

« Non, mon père et moi sommes allés à un refuge animalier.
Je suis heureuse d'avoir adopté Félix. »

« S'occuper des animaux, c'est important. »

« Oui.  Félix est toujours mon meilleur ami. »

**A. Regarde les questions. Encercle ◯ les réponses dans les mots cachés.**

- Émilie a adopté le chien avec son _____ .

- Ils ont adopté le chien à un _____ animalier.

- Le chien a des poils _____ .

- Le chien s'appelle _____ .

- L'ami d'Émilie s'appelle _____ .

| | | d | b | g | | | |
|---|---|---|---|---|---|---|---|
| | e | r | o | u | x | o | c |
| B | T | m | g | h | e | u | r | e |
| v | l | i | s | n | e | d | F | c | p | s |
| k | c | m | q | h | i | b | r | k | è | b |
| x | f | o | v | i | q | u | c | T | r | u |
| j | a | t | a | r | e | f | u | g | e | o |
| s | z | h | j | b | g | d | c | r | ê | i |
| t | F | é | l | i | x | h | i | a | e | y |
| à | r | e | n | ê | c | i | e | h | b | s |

## Le verbe « être »

Le verbe **être** sert à désigner ce qu'est quelqu'un ou quelque chose. Ce verbe varie selon la personne et le nombre.

Exemples :

Je **suis** élève.
Félix **est** un chien.
Nous **sommes** heureux.

|  |  |
|---|---|
| je **suis** | nous **sommes** |
| tu **es** | vous **êtes** |
| il/elle **est** | ils/elles **sont** |

**B. Encercle ◯ les bons mots pour compléter les phrases.**

1. Mon chien  suis / es / est  un Westie.

2. Il  suis / es / est  blanc et doux.

3. Il rit quand je lui dis : « Tu suis / es / est  mignon. »

4. Je  suis / es / est  heureuse avec mon chien.

5. Les bonbons  sommes / êtes / sont  ses préférés.

## L'expression orale : « être en train de »

Cette expression désigne une **action en cours**.

Exemples : Je **suis en train de** jouer au soccer.

Tu **es en train de** *manger*.

**C. Regarde les images. Remplis les blancs avec « es », « est », « sommes », « êtes » ou « sont ».**

1.

Nous _____ en train de courir avec notre chien.

2.

Les enfants _____ en train de peindre.

3.

Le clown _____ en train de donner les ballons aux enfants.

4.

Vous _____ en train de danser.

5.

Tu _____ en train de jouer à la cachette avec le cochon.

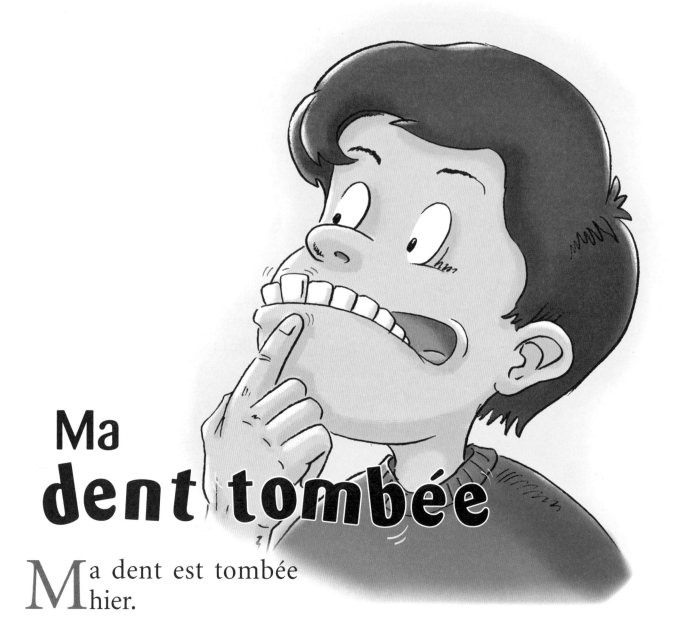

# Ma
# dent tombée

Ma dent est tombée hier.

Elle bougeait depuis longtemps.  Je voulais qu'elle tombe.
Donc, la fée des dents me rendrait visite.

Hier, grand-papa et moi avons mangé ensemble.  Quand
j'ai mordu une pomme, ma dent est tombée!

J'ai mis la dent sous mon oreiller hier soir.  Quand je me
suis réveillé ce matin, j'ai trouvé une pièce de monnaie là!

**A. Lis le texte. Encercle ⃝ le bon mot pour chaque phrase.**

1. Tous les jours / Hier , ma dent est tombée.

2. Je voulais que grand-papa / la fée des dents me rende visite.

3. J'ai mordu une pomme / une tarte aux pommes .

4. J'ai trouvé une dent / une pièce de monnaie sous mon oreiller.

**B. Regarde les indices. Complète les mots croisés avec les mots contraires du texte.**

## Horizontal

A. récemment
B. soir
C. aujourd'hui

## Vertical

1. ici
2. seul
3. sur

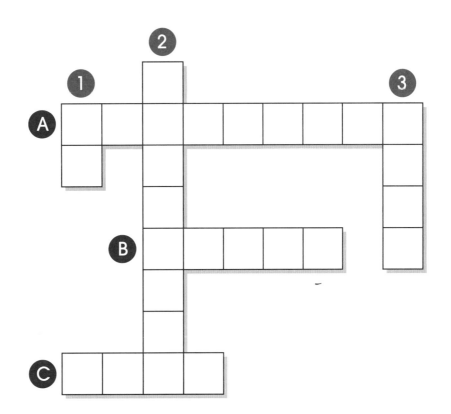

## Le genre

Tous les noms possèdent un **genre** : **masculin** (m.) ou **féminin** (f.)

| masculin | féminin |
|----------|---------|
| le | la |

Exemples : **la** boîte (f.)
**le** soleil (m.)
**la** rivière (f.)
**le** mot (m.)

## C. Écris les noms sur les lignes selon le genre.

 pomme (f.)

 nuage (m.)

 garçon (m.)

 dent (f.)

 gâteau (m.)

 fille (f.)

 livre (m.)

 maison (f.)

 chien (m.)

 fée des dents (f.)

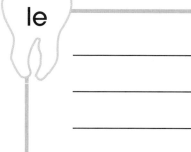 le

_____

_____

_____

_____

_____

la

_____

_____

_____

_____

**D. Écris les bons mots pour les images avec « le » ou « la ».**

plage (f.)    lapin (m.)    tour CN (f.)

lit (m.)    cadeau (m.)    télévision (f.)

1.

_____

2.

_____

3.
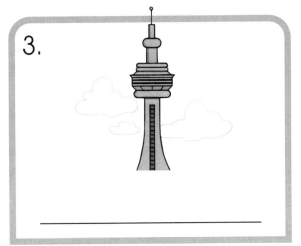
_____

4.

_____

5.

_____

6.

_____

# Ma journée parfaite

J'aime avoir toutes mes choses préférées pour ma journée :

Les oiseaux chanteurs me réveillent. Je porte une robe bleue pour aller à l'école.

À l'école, je mange un sandwich et une poire comme dîner. Après l'école, je vais chez mon amie pour faire mes devoirs et jouer.

C'est ma journée parfaite. Quelle est ta journée parfaite?

**A.  Démêle les lettres pour écrire les choses préférées de la fille.**

1.

dansichw

_____

2.

xauesio eurtsanch

_____

3.

ioper

_____

4.

beor euelb

_____

**B.  Dessine ta chose préférée.  Écris une phrase pour la décrire.**

_____

## Les conjonctions : « et » et « ou »

**Et** et **ou** sont des **conjonctions**. Elles servent à relier d'autres mots dans une phrase.

**Et** sert à relier des éléments.

**Ou** sert à relier des choix.

Exemples :

Thérèse mange un sandwich **et** une poire.

Lequel préfères-tu, un sandwich **ou** une poire?

**C.   Encercle ⭕ les bonnes conjonctions.**

1. Mes couleurs préférées sont le vert   et / ou   le bleu.

2. Préférez-vous du café   et / ou   du thé?

3. Est-il un oiseau   et / ou   un papillon?

4. Céline   et / ou   Léa sont nos amies.

5. Il y a des oiseaux   et / ou   des écureuils dehors.

**D. Regarde les images. Complète les phrases avec « et » et « ou ».**

1.

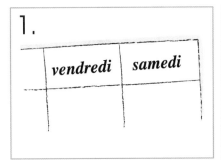

2.

3.

4.

5.

1. Quel jour est notre soirée, vendredi _____ samedi ?

2. Qui est la plus grande, Nicole _____ Valérie ?

3. Nous achetons des pommes _____ du lait .

4. Quel cadeau aimes-tu, une poupée _____ une balle?

5. J'ai une balle _____ une batte de baseball .

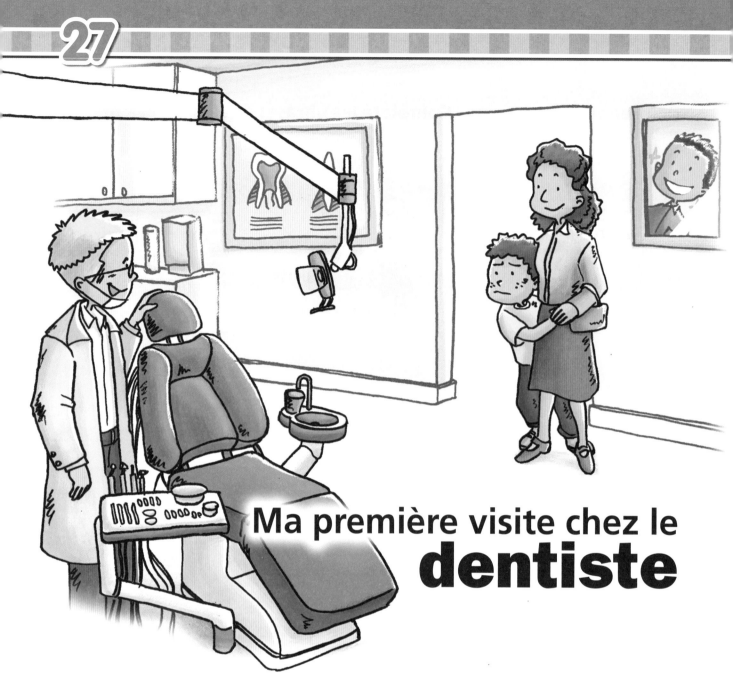

## Ma première visite chez le
# dentiste

Aujourd'hui, je vais chez le dentiste pour la première fois. J'ai peur mais le dentiste est gentil.

Le dentiste me demande d'ouvrir la bouche. Il m'examine les dents. Il dit que mes dents sont parfaites. Il me donne une nouvelle brosse à dents.

J'aime mon dentiste.

**A. Regarde les images. Écris les mots du texte pour compléter les phrases.**

1.

C'est un garçon g_____ .

2.

Ces garçons ont p_____ .

3.

C'est une n_____ robe.

4.

Cette fille lui brosse les dents

avec une b_____ .

## Les phrases reliées

Les **phrases reliées** ont le même thème quand elles sont mises ensemble.

Exemple : Je vais chez le dentiste. Le dentiste m'examine les dents.
~~Je nage tous les jours.~~ (phrase non reliée)

**B.  Regarde chaque image.  Barre ✗ une phrase non reliée.**

1.  Nous soupons ce soir.  Nous allons à un nouveau restaurant.  Jean a soif.  Nous aimons les plats.

2.  Il y a beaucoup de personnes à la plage.  Tout le monde nage et joue.  Tout le monde va au restaurant.

**C. Choisis et écris la bonne phrase pour chaque image.**

- Le nounours est brun.
- Ma tante a un magasin.
- Il court tous les jours.

1.

_____

Elle vend des bonbons.

Les bonbons sont délicieux.

2.

Mon père aime faire du sport.

_____

Il est sportif.

3.

Alice aime les nounours.

Son oncle lui a envoyé un nounours.

_____

# Notre mangeoire d'oiseaux

J'aime mon grand-papa. Il nous fait plaisir. Aujourd'hui, nous faisons une mangeoire d'oiseaux!

Tout d'abord, je mets du beurre d'arachide sur le cône. Ensuite, ma sœur roule le cône dans les graines. Puis, grand-papa attache une ficelle au cône.

Dans l'arrière-cour, grand-papa nous aide à attacher le cône à une branche de l'arbre.

Bientôt, un oiseau vient au cône. C'est notre journée avec grand-papa.

**A. Regarde les images. Complète les mots croisés.**

**B.** Encercle ◯ les bonnes formes verbales. Ensuite, mets les images dans l'ordre selon le texte. Écris de A à E.

Ma sœur roule roulé le cône dans les graines.

Un oiseau venir vient au cône.

Grand-papa attacher attache une ficelle au cône.

Grand-papa nous aide aidé à attacher le cône à la branche.

Je mets met du beurre d'arachide sur le cône.

## L'ordre logique des phrases

On met les phrases dans l'**ordre logique** pour exprimer l'idée.

**C.** **Mets dans l'ordre logique les images à la page 198. Écris de 1 à 5 dans les cercles. Ensuite, réécris les phrases sur les lignes.**

Pour faire notre mangeoire d'oiseaux :

_____

_____

_____

_____

_____

_____

_____

_____

# Sciences sociales

# Qui suis-je?

Il n'y a personne comme moi. Je suis spécial(e) grâce à ce que je suis, à mon apparence physique et à mon environnement. Je suis spécial(e) de plusieurs autres façons aussi.

**A. Dessine-toi sur la scène. Ensuite, présente-toi.**

Je m'appelle

_____Aura_____ _____Chai_____ .
prénom       nom de famille

Je suis

_____une fille_____ .
un garçon/une fille

J'ai

six
6
_____ ans.

**B.   Écris, encercle et colorie pour te présenter davantage.**

**Les membres de ma famille :**

trois (3)

membres.

**La  (Les)  langue(s) que je parle :**

anglais

francais.

**La couleur de mes cheveux**

**La couleur de mes yeux**

**Je suis**

gaucher/
gauchère

droitier/
droitière

**Je suis :**

sociable

serviable

timide

drôle

intelligent(e)

doux/douce

créatif/créative

gentil(le)

Moi
voilà!

# Les personnes spéciales

Il y a plusieurs personnes spéciales autour de nous. Elles nous aident de différentes façons. Chacune de ces personnes a un rôle spécial à jouer.

**A. Écris les nombres et les lettres appropriés dans les cercles pour montrer comment t'aident ces personnes.**

## Cette personne...

**A** m'aide avec mes besoins quotidiens.

**B** m'apporte du courrier.

**C** aide à ma communauté.

**D** m'aide quand je suis malade.

**E** m'aide à apprendre à l'école.

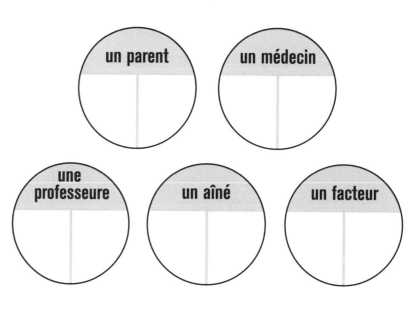

un parent    un médecin

une professeure    un aîné    un facteur

**B.   Dessine une personne spéciale dans ta vie.  Ensuite, décris-la.**

Voici

_____.
          nom

Cette personne m'est spéciale parce que _____

_____ .

La qualité que j'aime le plus de cette personne est

_____ .

# Les endroits importants

Quelques endroits nous sont importants. C'est peut-être la maison d'un(e) ami(e) ou d'un proche, une école, un lieu de culte ou un parc.

**A. Colle ou dessine une image de ton endroit important. Ensuite, écris le nom de l'endroit et remplis les blancs.**

Mon endroit important

• Voici l'endroit où je _____ .

• J'aime _____ ici.

• D'habitude, je visite cet endroit le _____
(un jour de la semaine).

**B.** **Regarde le plan de Sally. Lis ce qu'elle dit. Ensuite, dessine un plan pour montrer le chemin de ta maison à ton endroit important.**

Chemin de ma maison à _____

**Légende**

 ma maison     mon endroit important     arbre

 rue     parc     chemin de fer     bâtiment

*La maison de ma grand-mère est un endroit important. Je peux voir des bâtiments et des arbres sur le chemin.*

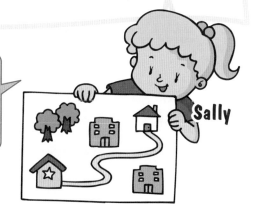

Sally

# Les choses spéciales

Nous avons tous des choses spéciales. Cela peut être nos jouets favoris ou nos animaux de compagnie. Ces choses sont importantes parce qu'elles font partie de notre identité.

**A. Parle avec deux ami(e)s qui ont des animaux de compagnie. Demande-leur de dessiner leurs animaux de compagnie dans les cases et de décrire pourquoi leurs animaux de compagnie sont si spéciaux.**

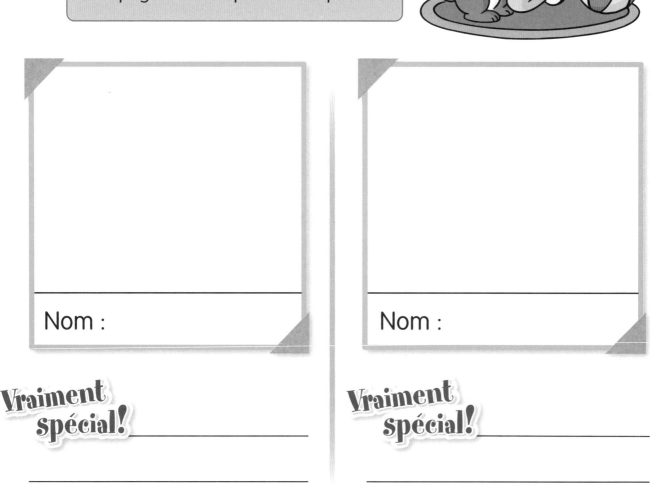

> Mon chien Teddy m'est très spécial. Chaque jour, après l'école, j'aime jouer au ballon avec lui. As-tu un animal de compagnie? Pourquoi t'est-il spécial?

Nom : _____

Nom : _____

**Vraiment spécial!** _____

_____

**Vraiment spécial!** _____

_____

**B.** **Trace une ligne pour associer chaque image à la bonne phrase. Ensuite, dessine et écris une chose spéciale de ta famille.**

## Les choses spéciales

• Celles-ci sont utilisées au lieu de la fourchette pendant les repas.

• Celui-ci rappelle leur histoire aux familles.

• Ceux-ci sont passés d'une génération à l'autre et on peut encore les porter pour garder les pieds au sec.

### La chose spéciale de ma famille

La chose spéciale de ma

famille est _____ .

Elle est spéciale parce que

_____

_____ .

# Les événements spéciaux

Il y a plusieurs moments importants dans la vie d'une personne. Une chronologie indique une liste d'événements importants et quand ils se sont passés.

**A.** Écris ta date de naissance pour commencer la chronologie. Ensuite, dessine ou écris un événement ou une activité dans chaque case pour montrer ce que tu as fait à cet âge.

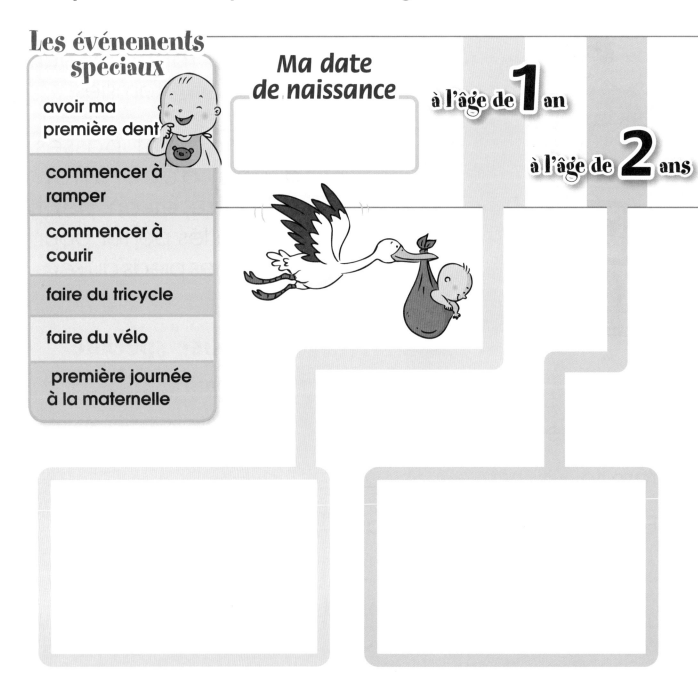

**Les événements spéciaux**

- avoir ma première dent
- commencer à ramper
- commencer à courir
- faire du tricycle
- faire du vélo
- première journée à la maternelle

Ma date de naissance

à l'âge de **1** an

à l'âge de **2** ans

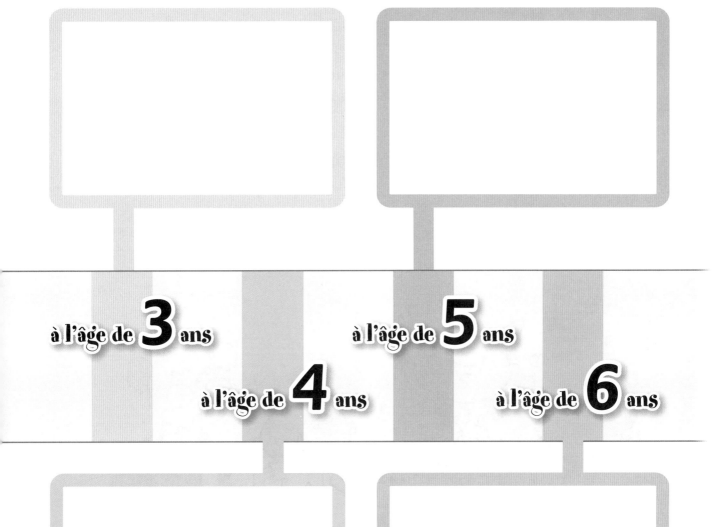

à l'âge de **3** ans

à l'âge de **4** ans

à l'âge de **5** ans

à l'âge de **6** ans

**Pose les questions à tes ami(e)s à propos de leurs chronologies.**

1. Ont-ils(-elles) appris à faire du vélo dans la même année que toi?

2. Ont-ils(-elles) commencé la maternelle en même temps que toi?

# Faire preuve de respect

Nous devrions respecter d'autres personnes et le monde autour de nous. Nous pouvons faire preuve de respect de plusieurs façons.

**A.   Coche ✔ les personnes qui font preuve de respect.**

**B.** Colorie les images qui montrent les personnes respectant leur environnement. Ensuite, trace une ligne pour amener Jason à son amie et encercle ⃝ le mot correct.

Jason

Ô Canada...

Nous pouvons aussi respecter l'environnement en le **nettoyant** / **salissant** .

# Mes changements de rôles

Nous avons tous différents rôles. Nous avons différentes relations qui nous aident à nous identifier dans nos familles et nos communautés.

**A.** Écris le rôle que l'enfant joue dans chaque case.

**une fille   une voisine   un petit-fils   un élève**

**B.** **Quels rôles joues-tu? Dessine-toi dans le cercle. Ensuite, encercle ◯ tes différents rôles.**

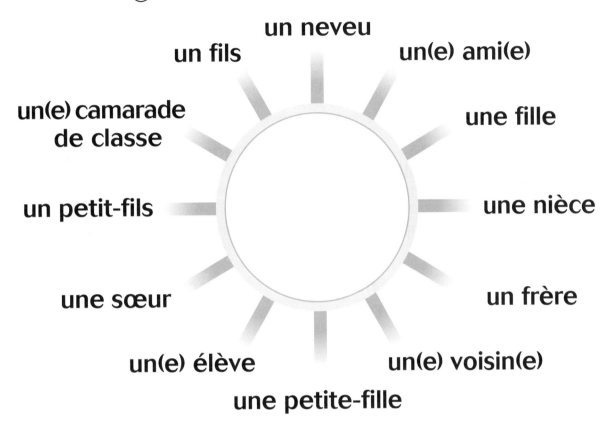

un neveu

un fils

un(e) ami(e)

un(e) camarade de classe

une fille

un petit-fils

une nièce

une sœur

un frère

un(e) élève

un(e) voisin(e)

une petite-fille

**C.** **Trace des lignes pour montrer les choses que tu ferais comme grand frère/grande sœur, ami(e) ou les deux.**

### Les choses que je ferais

Je l'inviterais à ma fête. •

Je l'aiderais à attacher ses lacets. •

Je lui rendrais visite. •

Je le/la réconforterais quand il/elle est triste. •

### Les rôles

• un grand frère/ une grande sœur

• un(e) ami(e)

• les deux

# Mes changements de responsabilités

Comme nos rôles changent, nos responsabilités changent aussi. De plus, nous avons des responsabilités différentes selon le milieu.

**A.** **Lis ce que dit Emma. Encercle ◯ les bons rôles et coche ✔ les nouvelles responsabilités qu'elle aurait.**

## À la maison

> J'étais enfant unique. Mais maintenant, j'ai un petit frère.

Emma

**Son nouveau rôle :**

une mère

une sœur

une fille

**Ses nouvelles responsabilités :**

◯ changer des couches

◯ chanter des berceuses

◯ nourrir l'animal de compagnie

## À l'école

**Son rôle :** une cousine     une nièce     une élève

**Ses nouvelles responsabilités :**

> J'ai un rôle différent quand je suis à l'école.

◯ finir ses devoirs

◯ conduire les élèves à la maison

◯ se faire des amis à l'école

**B.** **En grandissant, nos responsabilités changent. Dessine des images selon tes responsabilités et écris un commentaire pour chacune.**

### La banque d'idées

faire mon lit

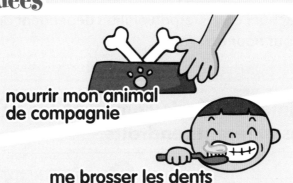

nourrir mon animal de compagnie

me brosser les dents

faire mes devoirs

### La maternelle

Voici une responsabilité que j'avais quand j'étais en maternelle. Je _____

_____

_____ .

### La première année

Voici une responsabilité que j'ai maintenant. Je _____

_____

_____ .

# Mes changements de rôles et de responsabilités

Nos actions et nos responsabilités dépendent de nos rôles et de l'endroit où nous nous trouvons.

**A.** **Regarde les images. Écris comment les actions des enfants changent dans différents endroits.**

**A** À la maison :

À l'école :

**B** Dans le parc :

*Il était une fois...*

Dans la bibliothèque :

*Il était une fois...*

Comment changent les actions :

**A** _____

_____

**B** _____

_____

**B.** Les parents jouent différents rôles selon l'endroit où ils se trouvent. Apprends leurs différentes responsabilités et décide si elles sont à la maison ou au travail. Trace une ligne pour associer chaque phrase au bon endroit.

Les parents à la maison .

Les parents au travail .

# Les responsabilités

- gagner de l'argent

- lire des contes à l'heure du coucher

- faire des courses

- ranger la maison

- respecter des délais

- être ponctuels au travail

Tes parents ont beaucoup de responsabilités à la maison. En partages-tu quelques-unes? Si oui, lesquelles?

_____

_____

# Nos interactions avec les autres

Nous passons du temps avec les membres de notre famille, nos ami(e)s et d'autres personnes autour de nous. Nos actions ont un effet sur les autres.

**A.** Lis les bandes dessinées. Décris les sentiments et les actions des personnes.

compatissant   heureux   triste

 se sent _____ .

 se sent _____ .

aide / se moque de  .

ignorent / remercient .

 se sent _____ .

**B.** **Regarde les images. Pour chacune des images, écris comment la fille se sent selon l'action de Mickey. Ensuite, réponds à la question.**

Quelquefois on ne fait pas de bons choix et ceci peut avoir un effet sur les autres.

Mickey

Comment la petite fille se sent-elle dans

reconnaissante

gênée

triste

mécontente

fâchée

A : _____

B : _____

C : _____

Si tu étais Mickey, que ferais-tu? Pourquoi?

_____

_____

# Mes ami(e)s et moi

Les ami(e)s sont des personnes avec qui nous aimons partager notre temps. Nous pouvons avoir beaucoup de choses en commun avec nos ami(e)s mais nous pouvons aussi être très différent(e)s.

**A.** **Dessine ton visage et le visage de ton ami(e) dans les cercles. Remplis le tableau. Ensuite, réponds à la question.**

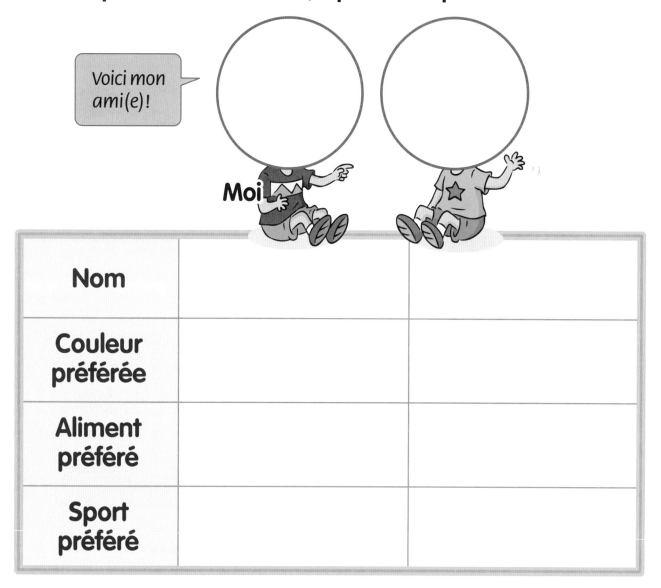

Voici mon ami(e)!

Moi

| | | |
|---|---|---|
| **Nom** | | |
| **Couleur préférée** | | |
| **Aliment préféré** | | |
| **Sport préféré** | | |

Les activités que nous aimons faire ensemble :

_____

**B.** Tes ami(e)s et toi avez des tâches à faire à la maison et à l'école. Coche ✔ les bonnes cases pour montrer ce que faites tes ami(e)s et toi. Ensuite, partage tes idées avec tes ami(e)s.

| À la maison / À l'école | Moi | Mes ami(e)s | |
|---|---|---|---|
| | | Nom | Nom |
| Aider à faire la vaisselle | | | |
| Faire le lit | | | |
| Aider à plier les vêtements | | | |
| Ranger les jouets | | | |
| Faire preuve de respect pour les autres | | | |
| Aider les camarades de classe | | | |
| Arriver à l'école à l'heure | | | |
| Suivre les règles | | | |

Partage tes idées avec celles de tes ami(e)s sur comment prendre plus de responsabilités à la maison et à l'école.

# Les nouvelles expériences

En grandissant, nous avons de nouvelles expériences. Commencer l'école pour la première fois est une des expériences qui nous apporte de nouveaux sentiments et de nouvelles responsabilités.

**A.  Pense à la rentrée scolaire. Réponds aux questions.**

1.  Comment te sentais-tu à la rentrée scolaire? Colorie les visages.

Bonne rentrée

2.  Quand tu te sentais nerveux/nerveuse, quelqu'un t'a-t-il aidé(e) à te sentir mieux? Comment?

_____ m'a aidé(e) à me sentir

mieux en _____ .

3.  As-tu aidé un(e) nouvel(le) élève à se sentir mieux à la rentrée scolaire? Comment?

_____

_____

**B. Lis ce que disent les enfants. Ensuite, colorie les visages et encercle ○ les bons mots.**

*L'année dernière, à la récré, je jouais avec mes amis dans la cour clôturée de la maternelle. Cette année, je peux jouer dans la grande cour de l'école. C'est incroyable!*

*Faire des devoirs, ce m'est une bonne nouvelle expérience.*

# Les nouvelles expériences en première année

Prendre la récré avec d'autres classes :

1. Comment tu te sens :

2. Comment être responsable :

- **Aller / Ne pas aller** au-delà de la clôture.

- **Bousculer / Jouer gentiment avec** les autres.

Faire tes devoirs :

1. Comment tu te sens :

2. Comment être responsable :

- **Faire / Jouer avec** ses devoirs.

- Remettre tes devoirs **à l'heure / en retard** .

# Aider les autres

Nous pouvons tous nous aider les uns les autres. Quelquefois, les adultes nous aident. D'autres fois, nous aidons les adultes et d'autres enfants. Aider les autres, c'est une bonne façon d'éprouver notre intérêt.

**A. Remplis les blancs pour apprendre comment ces personnes aident les autres.**

un enfant

un adulte

une personne âgée

1. Une adulte aide

_____ .

2. Une enfant aide

_____ .

3. Un enfant aide

_____ .

**B.   Trace des lignes pour montrer qui peut aider dans ces situations.**

conduire les enfants aux
entraînements de soccer

partager des fournitures
scolaires avec un(e) ami(e)

mettre la table

aider un enfant à faire
ses devoirs

**Qui peut aider?**

un enfant

un adulte

une personne
âgée

**C.   Écris une chose que tu peux faire à la maison pour
aider tes parents.**

Bien
fait!

_____

# Ma maison

Nous avons tous un endroit que nous appelons « maison ». Notre maison fait partie d'un voisinage.

**A. Décris ta maison. Ensuite, colorie les images pour montrer les bâtiments que tu peux trouver dans ton voisinage.**

### Ma maison

Coche ✔ la maison qui ressemble à la tienne.

Ma maison est :    J'habite avec :

grande   petite    _____

chaleureuse    _____

mignonne    _____

accueillante

### Mon voisinage

**B. Regarde le plan du voisinage de Sally. Donne un titre au plan et réponds aux questions.**

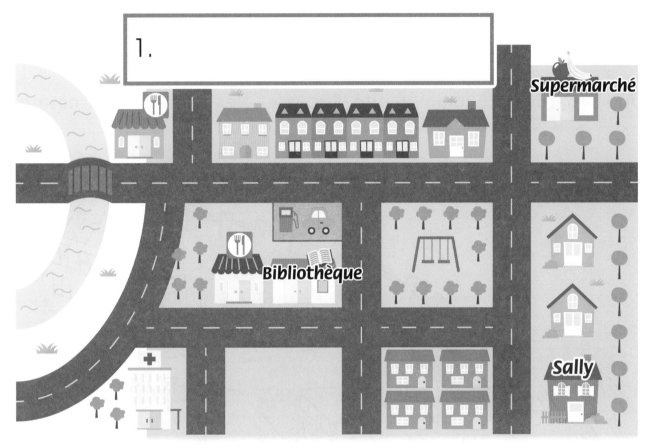

1.

2. Encercle ○ les restaurants sur le plan.

3. Si Sally et sa famille veulent aller au restaurant le plus proche, auquel devraient-elles aller? Trace une ligne pour les y amener.

4. Y a-t-il quelque chose dans ton voisinage qui n'est pas présent dans ce plan? Qu'est-ce que c'est?

_____

5. Si tu pouvais ajouter quelque chose à ce voisinage, qu'est-ce que ce serait? Dessine-le dans l'espace vide sur le plan.

# La nature autour de moi

Nous pouvons trouver la nature dans notre communauté. Elle nous fournit de l'air frais et des endroits amusants où nous pouvons jouer.

**A. Regarde cette communauté. Encercle ◯ les éléments de la nature.**

**B.** **Lis les énigmes au sujet des endroits amusants dans la nature. Associe-les aux bonnes zones. Écris les lettres. Ensuite, réponds aux questions.**

**A** Je me protège du soleil pendant que je lis un livre.

**B** Mes amis et moi aimons jouer au soccer ici.

**C** En hiver, c'est mon endroit idéal pour faire du toboggan.

Plusieurs choses dans la nature nous sont importantes. Comment te sentirais-tu si on coupait l'arbre ou si on le remplaçait par des bâtiments? Pourquoi?

_____

_____

# Ma communauté locale

Une communauté est un endroit où nous vivons, travaillons et jouons. Les ressources dans notre communauté nous aident à satisfaire nos besoins quotidiens.

**A. Regarde cette communauté. Écris les lettres dans les cercles pour répondre aux questions.**

Où...

1. achètes-tu tes vêtements? ◯

2. consultes-tu le dentiste? ◯

3. empruntes-tu des livres à lire? ◯

4. joues-tu au basketball? ◯

**B.  Regarde la communauté.  Réponds aux questions.**

1.  La ferme Rover fournit des produits, comme des légumes et de la viande, à quelques magasins dans cette communauté.  Encercle ◯ ces magasins.

2.  La communauté veut transformer la ferme Rover en centre d'achats.  Lis les commentaires de différentes personnes.  Coche ✔ le commentaire avec lequel tu es le plus d'accord et explique ce que tu penses.

| « Nous aurons un bon endroit pour faire des courses. » | « Il y aura moins de produits agricoles à vendre aux supermarchés. » | « Il y aura moins de belle nature dans la communauté. » |
|---|---|---|
| ◯ | ◯ | ◯ |

**Explique :** _____

# Les travailleurs communautaires

Plusieurs personnes travaillent dans une communauté. Ces travailleurs fournissent des services et des produits pour tout le monde qui vit dans la communauté.

**A.** Associe les travailleurs communautaires à leur service. Écris les lettres.

A

B

C

D

E

**B.** **Plusieurs personnes nous aident chaque jour dans notre communauté scolaire. Remplis les blancs pour découvrir leurs identités.**

1.    2.    3.

4.    5.    6.

7.

### ÉCOLE

concierge   chauffeur   directeur
bibliothécaire   professeure
entraîneur   brigadier

1. _ _ _ _ _ _ _ _ _ scolaire

2. _ _ _ _ _ _ _ _

3. _ _ _ _ _ _ _ _ _ _ _ _

4. _ _ _ _ _ _ _ _ _ _

5. _ _ _ _ _ _ _ _

6. _ _ _ _ _ _ _ _ _ _ _ _ _

7. _ _ _ _ _ _ _ _ _ _ _

# Aider ma communauté

Nous pouvons faire notre devoir pour aider notre communauté. Il y a plusieurs choses que nous pouvons faire à la maison, au parc et dans d'autres endroits au sein de notre communauté.

**A.** **Les enfants vont ranger les choses. Trace des lignes pour mettre les choses dans les bons contenants.**

**B.** Encercle ⃝ les choses qu'on a besoin de ramasser au parc. Trace des lignes pour les mettre dans les bons contenants. Ensuite, réponds aux questions.

*Il y a plusieurs choses que nous pouvons faire pour aider notre communauté.*

## Aider notre communauté :

1. Faire partie de l'équipe de **nettoyage / salissage** . Ramasser des déchets dans le voisinage aide à garder notre communauté nette et **tranquille / propre** .

2. **Faire don de / Vendre** tes vêtements qui ne te vont plus à **un magasin / une association caritative** . On les donnera aux enfants qui en ont besoin.

# Les personnes et leur communauté

Chaque jour, les personnes influencent leur communauté par rapport aux choix et aux décisions qu'ils prennent. Ces actions ont un impact sur la communauté et l'environnement.

**A. Regarde ce que fait Caleb. Encercle ◯ les bons mots et réponds à la question.**

> Je n'ai plus faim. Je ne peux pas manger mon sandwich.

## Ce qui arrive quand on n'utilise pas les poubelles :

- Le parc devient **beau / sale** .

- Des insectes **ravageurs / animaux de compagnie**, comme des mouches, sont attirés au parc.

- Cela crée plus de **travail / plaisir** pour ceux qui nettoie le parc.

- Le parc est un endroit **propre / dangereux** pour jouer.

  Que Caleb devrait-il faire avec les restes pour garder le parc propre?

**B.** **Lis les impacts possibles lorsqu'on transforme une région boisée en centre d'achats à la ville de Cali. Remplis les blancs et réponds à la question.**

## Projet : Transformer une région boisée en centre d'achats

### Impacts positifs

**plus    faire des achats
des entreprises**

- un grand endroit pour
  _____

- attirer _____
  à la ville

- _____
  d'emplois disponibles
  pour les habitants

> Cela entraînera des
> bénéfices à la ville de Cali.

### Impacts négatifs

**moins de    animaux
verdure**

- plusieurs _____
  perdent leurs habitats

- aucune _____
  pour nous fournir de
  l'air frais

- _____ nature
  dans la communauté

> Cela aura de grands impacts
> sur l'environnement naturel.

Penses-tu que c'est une bonne idée de transformer une région boisée de la ville de Cali en centre d'achats?

_____

# Les changements communautaires

Notre communauté est toujours en train de changer. Les changements peuvent améliorer notre niveau de vie.

**A. Regarde les plans qui montrent comment a changé une communauté. Réponds aux questions.**

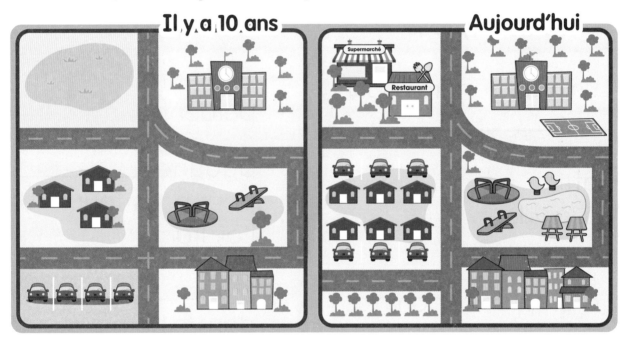

Il y a 10 ans       Aujourd'hui

1. Écris trois changements que tu peux voir entre les deux plans.

   - _____

   - _____

   - _____

2. Comment les changements ont-ils amélioré le niveau de vie de notre communauté?

   _____

**B. Regarde le pictogramme des arbres qu'on a plantés. Réponds aux questions.**

*Nous nous sentons heureux en participant à cet événement significatif. C'est bon pour la communauté.*

Léon

### Arbres plantés au parc York

| Jour | Nombre d'arbres plantés |
|------|-------------------------|
| Jour 1 | 🌳🌳🌳🌳🌳🌳🌳🌳 |
| Jour 2 | 🌳🌳🌳🌳🌳🌳🌳🌳🌳 |
| Jour 3 | 🌳🌳🌳🌳🌳🌳 |
| Jour 4 | 🌳🌳🌳🌳🌳🌳🌳🌳🌳🌳🌳 |

1. Combien d'arbres a-t-on plantés

   • Jour 1? _____      • Jour 2? _____

   • Jour 3? _____      • Jour 4? _____

2. Quel jour y avait-il le plus de participants? À ton avis, pourquoi?

   _____

   _____

3. Lis ce que dit Léon. Ensuite, coche ✔ la raison pour laquelle il le dit.

   Ⓐ On coupera les arbres pour fabriquer du papier.

   Ⓑ Les arbres nous fourniront de l'ombre et de l'air frais.

4. Les arbres sont bons non seulement pour nous, mais pour les animaux. Pourquoi?

   _____

# Les zones dans la communauté

Une communauté est composée de différentes zones, chacune jouant son rôle en servant la communauté.

**A. Regarde la communauté. Écrit les noms des zones.**

| **résidentielle** | **commerciale** | **de loisirs** | **de circulation routière** |
|---|---|---|---|
| pour vivre | pour travailler | pour jouer | pour voyager |

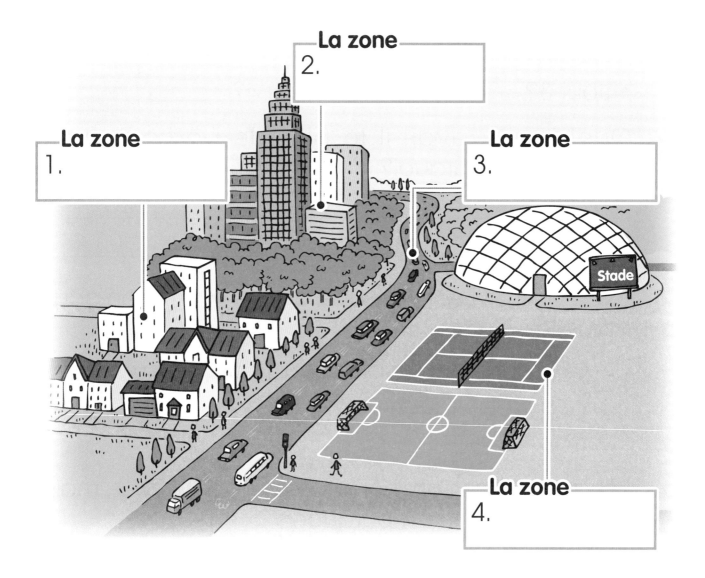

La zone
2.

La zone
1.

La zone
3.

Stade

La zone
4.

**B.** Trace des lignes pour associer les zones communautaires à ce que tu peux y trouver.

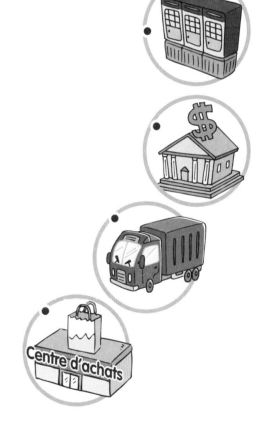

La zone résidentielle •

La zone commerciale •

La zone de loisirs •

La zone de circulation routière •

**C.** Décris ton endroit préféré dans ta communauté.

Mon endroit préféré de ma communauté est

_____ .

Il fait partie de la zone _____ .

# Trouver les endroits

Nous pouvons décrire où se trouve un endroit en employant les mots qui indiquent les directions. Comprendre les directions est important de voyager autour de notre communauté.

**A.** **Utilise les bons mots pour décrire où se trouve un endroit et comment y arriver.**

monter    descendre    à gauche    à droite    près
loin    traverser    à côté de

 ①

②

③

_____    _____    _____

④

⑤

⑥

_____

⑦

⑧

_____    _____    _____    _____

**B.** **Remplis les blancs pour emmener Jason au parc.**

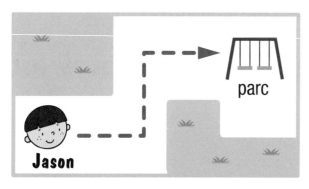

parc

Jason

- Tourner à _____ .

- Tourner à _____ et monter.

- Tourner à _____ et aller au parc.

**C. Dessine pour compléter le plan. Ensuite, remplis les blancs et réponds à la question.**

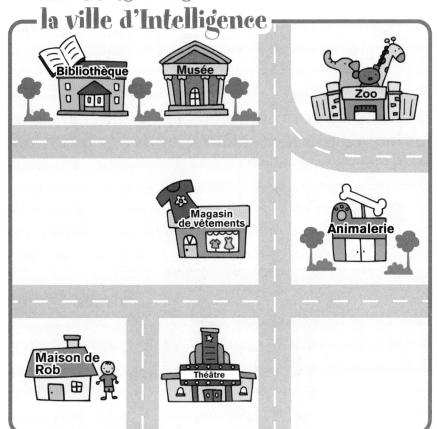

Endroits dans la ville d'Intelligence

**Centre des sciences**

Il est juste en face du théâtre.

**Restaurant**

Il est à côté du magasin de vêtements.

près
loin
gauche
droite

1. Le zoo est _____ de la maison de Rob.

2. L'animalerie est _____ du zoo.

3. Le musée est à _____ de la bibliothèque.

4. La maison de Rob est à _____ du théâtre.

5. Rob veut aller au zoo. Trace une ligne avec un crayon de couleur rouge pour indiquer le chemin.

monter → tourner à droite → tourner à gauche → tourner à droite →  Voilà!

# Utiliser les plans

Nous utilisons les plans pour montrer où les endroits se trouvent dans notre communauté. Nous utilisons des symboles pour représenter les endroits et les choses sur les plans. C'est aussi important de savoir lire les mesures sur un plan.

**A. Choisis les meilleurs symboles pour compléter la légende. Ensuite, colorie et dessine les images sur le plan et réponds à la question.**

**Symboles**

maison :            parc :

1.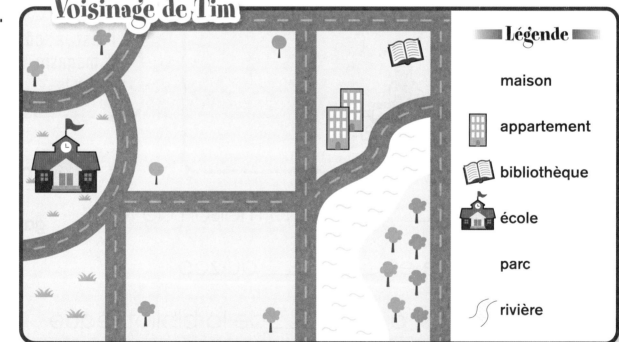

2. Il y a quatre maisons et un parc dans le voisinage de Tim. Dessine-les sur le plan.

3. Colorie la rivière sur le plan. Quelle couleur utiliserais-tu? Pourquoi?

**B.** **Regarde le plan de l'école. Réponds aux questions.**

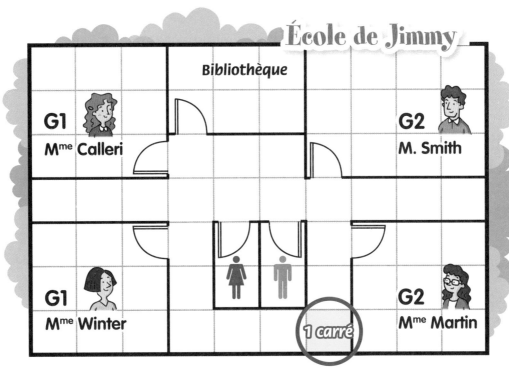

1. Combien de carrés y a-t-il dans chaque salle de classe?

   La salle de classe de M$^{me}$ Calleri : _____ carrés

   La salle de classe de M. Smith : _____ carrés

2. Les deux salles de classe de la 1$^{re}$ année sont de _____ carré(s) l'une de l'autre.

3. *Je suis en face de la salle de classe de M$^{me}$ Winter. Je voudrais rendre ces livres à la bibliothèque. Comment pourrais-je le faire?*

   **descendre / monter** _____ carré(s)

4. *Je suis en face de la salle de classe de M. Smith. Comment me rends-je à la salle de classe de M$^{me}$ Martin?*

_____

# Les fonctionnaires

Le gouvernement aide notre communauté grâce aux services fournis par ses fonctionnaires. Ces fonctionnaires aident à nous garder sains et saufs.

**A. Identifie les fonctionnaires et leurs responsabilités. Écris les lettres dans les bonnes places.**

## Les fonctionnaires

- **A** le médecin
- **B** la bibliothécaire
- **C** le pompier
- **D** le policier
- **E** l'opérateur de chasse-neige
- **F** l'éboueur
- **G** l'agent d'entretien de parc
- **H** la technicienne de station d'épuration

## Les responsabilités

- **P** s'assure de la sécurité routière pour les véhicules quand il neige
- **Q** prend soin d'arbres et d'herbe dans des parcs
- **R** remet des livres sur des étagères
- **S** nous aide quand nous sommes malades
- **T** s'assure que les chauffeurs obéissent aux lois de la circulation routière
- **U** aide les personnes en cas d'urgence
- **V** ramasse des déchets
- **W** s'assure que l'eau est potable

1.

2.

3.

 ○ □

4.

 ○ □

5.

**B. Lis ce que dit Julie. Ensuite, réponds à la question.**

Dans ma communauté, nous utilisons les sacs à ordures clairs pour garder nos éboueurs en sécurité.

Julie

Comment devrions-nous sortir nos verres cassés pour garder nos éboueurs en sécurité?

_____

_____

# Sciences

# Mon corps

- Nos corps ont beaucoup de parties utiles.
- Nous utilisons différentes parties du corps pour faire différentes choses.

## A. Complète les mots pour chaque partie du corps.

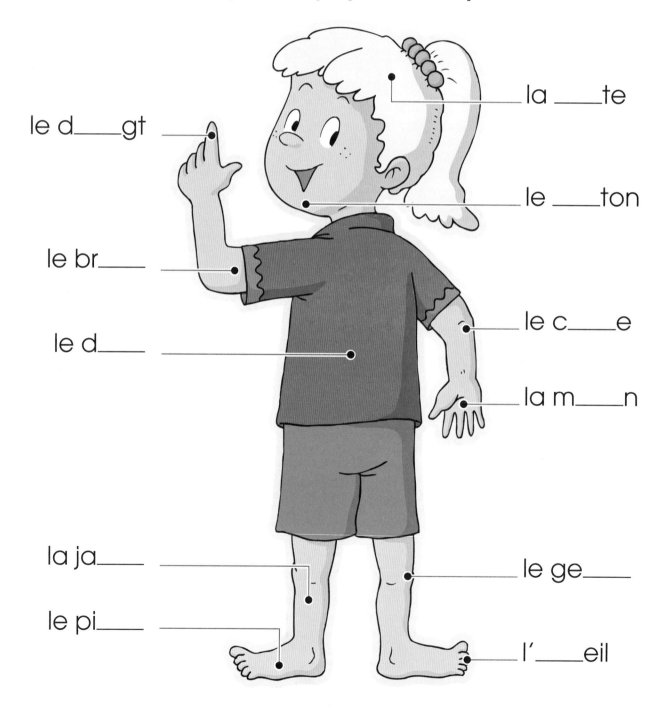

le d___gt

la ___te

le ___ton

le br___

le c___e

le d___

la m___n

la ja___

le ge___

le pi___

l'___eil

**B. Trace des lignes pour associer les phrases aux mots donnés.**

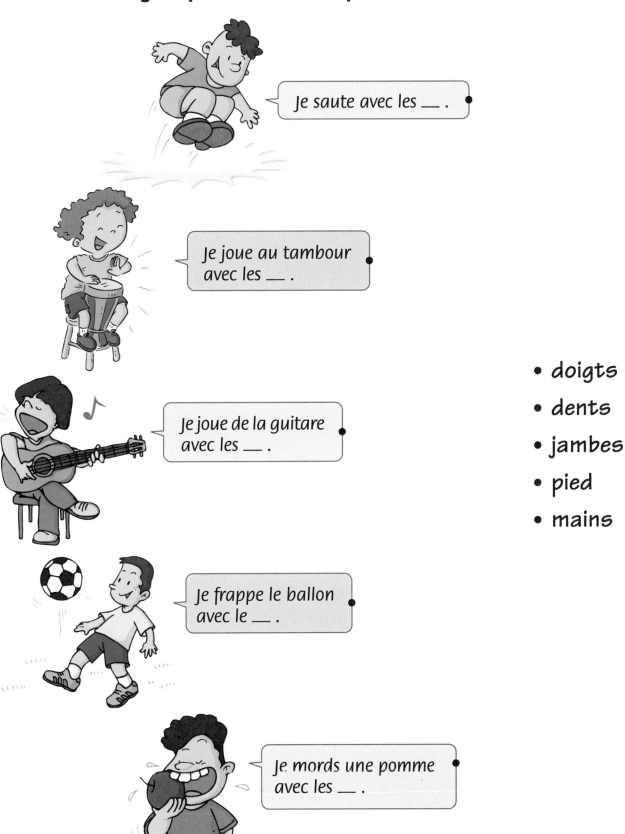

Je saute avec les ___ .

Je joue au tambour avec les ___ .

Je joue de la guitare avec les ___ .

Je frappe le ballon avec le ___ .

Je mords une pomme avec les ___ .

- doigts
- dents
- jambes
- pied
- mains

# 2

# Les cinq sens

- Nos corps ont des organes sensoriels : le nez, la langue, les yeux, les oreilles et la peau.
- Avec nos organes sensoriels, nous pouvons sentir, goûter, voir, entendre et toucher.

**A.** **Écris le nom de chaque organe sensoriel. Ensuite, colorie la bonne image pour montrer la fonction de l'organe sensoriel.**

l'oreille
l'œil
le nez
la peau
la langue

**B.** **Complète les poèmes avec les mots donnés.**

ouïe, oreilles     toucher, peau
goût, langue     odorat, nez
vue, yeux

Une tarte aux pommes ou

Une rose rouge

Pour mon sens de l' 1. o _____

J'utilise mon 2. n _____


Regarder la rondelle ou

Le lever du soleil

Pour mon sens de la 3. v _____

J'utilise mes 4. y _____


Les chattons doux

Me font sourire

Pour mon sens du 5. t _____

J'utilise ma 6. p _____

Le son d'un coup réussi

La foule applaudit

Pour mon sens de l' 7. o _____

J'utilise mes 8. o _____


Crème glacée ici!

Pour les jeunes et les âgés!

Pour mon sens du 9. g _____

J'utilise ma 10. l _____

# Nos sens en action

- Nos sens nous informent du monde.
- Nos sens nous gardent en sécurité.
- Certaines choses protègent nos organes sensoriels.

## A. Barre ✗ celui qui n'appartient pas à chaque groupe.

1. **le sens de l'ouïe**

2. **le sens de la vue**

3. **le sens du toucher**

4. **le sens de l'odorat**

5. **le sens du goût**

**B.  Écris le(s) bon(s) sens pour reconnaître les objets ci-dessous.**

voir      entendre      toucher      sentir      goûter

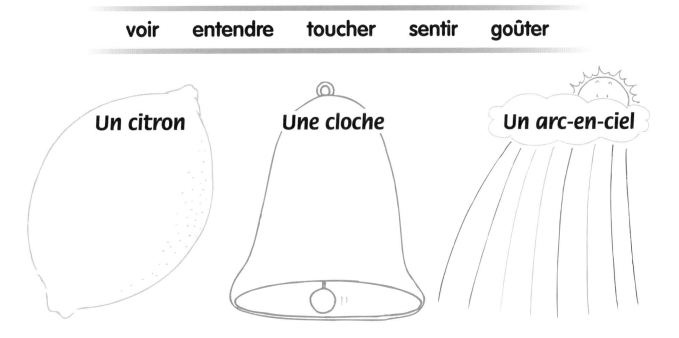

Un citron          Une cloche          Un arc-en-ciel

**C.  Indique à quel groupe appartient chacun des objets.  Écris les lettres.**

Nous protégeons nos organes sensoriels.

Nos sens nous protègent.

1. _____

2. _____

# Les êtres vivants et leur croissance

Je vais grandir et devenir comme ma maman.

- Les êtres vivants grandissent et changent.
- Les êtres vivants se reproduisent ou ont des jeunes.

**A.** **Montre comment grandissent les êtres vivants. Mets les images dans l'ordre. Écris 1, 2 et 3.**

1.

2.

3.

4.

**B.** **Colorie les êtres vivants dans l'image.**

# Les besoins des êtres vivants

- Les êtres vivants ont besoin d'air, d'eau et de nourriture.
- Les êtres vivants ont différentes manières d'obtenir ce dont ils ont besoin pour vivre.

**A.   Associe les images à ce que dit le garçon.  Écris les lettres.**

A  *On a besoin de soleil pour faire de la nourriture.*

B

C

D

E

F

G

H

I

1.  Les êtres vivants ont besoin d'air. _____

2.  Les êtres vivants ont besoin d'eau. _____

3.  Les êtres vivants ont besoin de nourriture. _____

**B.** **Regarde ce que reçoivent les êtres vivants. Remplis les blancs avec « air » , « eau » ou « nourriture » .**

Les poissons reçoivent de l'_____ à travers leurs branchies.

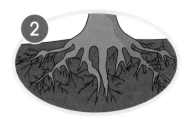

Les plantes reçoivent de l'_____ à travers leurs racines.

Les salamandres peuvent recevoir de l'_____ à travers leur peau.

Les grenouilles attrapent la _____ avec leur langue.

Les chameaux peuvent stocker une grosse quantité d'_____.

Les plantes produisent leur propre _____ à l'aide du soleil.

# Les êtres vivants et leurs façons de bouger

- Nos corps nous permettent de bouger de différentes façons.
- La façon dont les animaux bougent dépend de leurs corps.

**A.   Décris comment les animaux bougent avec les mots donnés.**

sauter     se balancer     galoper

glisser     grimper     plonger     voler

1.

_____

2.

_____

3.

4.

_____

5.

6.

_____

7.

_____

_____

**B. Décris les mouvements dans l'image.**

rouler    rebondir    lancer    plonger    se balancer

1.

2.

3.

4.

5.

# Les motifs sur les êtres vivants

- Les motifs sont des choses qui se répètent.
- Certains êtres vivants ont des motifs.

**A. Complète les motifs sur les êtres vivants. Ensuite, identifie les êtres vivants.**

Chérie, tu ne penses pas que nous ayons de beaux motifs?

la tortue    la fleur    l'abeille    l'ananas    le poisson    la feuille

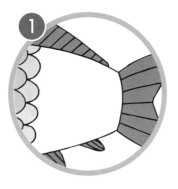 ①

_____

 ②

_____

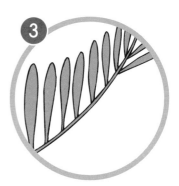 ③

_____

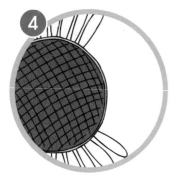 ④

_____

 ⑤

_____

 ⑥

_____

**B.   Trie les êtres vivants selon leurs motifs.   Écris les lettres.**

les taches : _____

les anneaux : _____

la spirale : _____

les rayures : _____

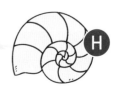

# L'alimentation saine

- Le Guide alimentaire canadien nous aide à choisir une alimentation saine.
- Il est important de savoir d'où viennent nos aliments.

**A.** **Regarde les images. Trie-les pour les mettre aux bonnes places. Écris les lettres.**

Maman, quel produit est le meilleur?

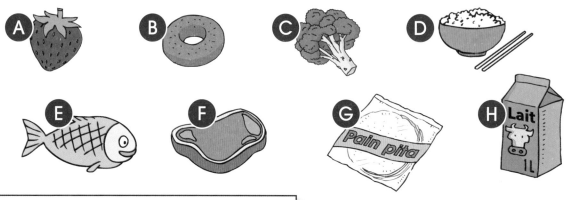

## Guide alimentaire

| Produits céréaliers | Légumes et fruits | Lait et substituts | Viande et substituts |
|---|---|---|---|
| ◯ | ◯ | ◯ | ◯ |
| ◯ | ◯ | ◯ | ◯ |
| ◯ | ◯ | ◯ | |
| ◯ | ◯ | | |
| ◯ | | | |
| ◯ | | | |

**Savourez une variété d'aliments provenant de chaque groupe tous les jours.**

**B.** Quel aliment est le plus sain dans chaque groupe? Encercle-le ◯ et complète le mot avec les lettres manquantes.

1.                    2.                    3.

Le ___us      Le craq___in      Les fr___s ___ais

**C.** Trace des lignes pour montrer d'où viennent nos aliments.

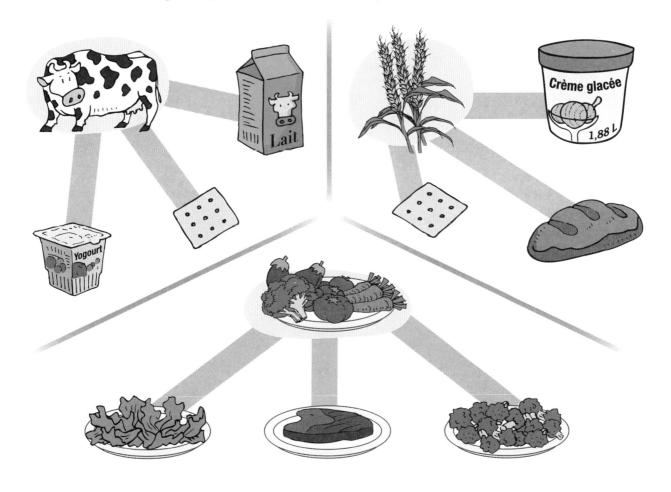

# La sécurité et l'alimentation saine

- Il y a des choses que nous pouvons faire pour rester en bonne santé : garder nos corps propres, faire de l'exercice et bien dormir.
- Il est important de connaître et de suivre les règles de sécurité.

**A. Dessine une ligne et colorie les images pour montrer à David le chemin des habitudes saines pour obtenir le trophée.**

**B.** Regarde les images. Donne les objets aux personnes qui en ont besoin pour rester en sécurité. Écris les lettres.

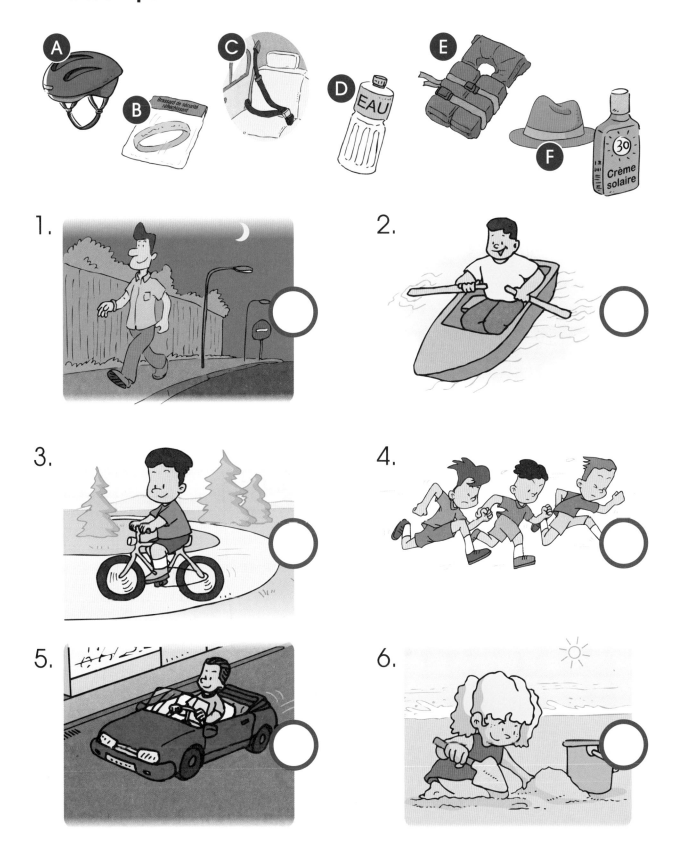

# Les objets et les matériaux

- Les objets sont des choses que nous pouvons voir et toucher. Les objets sont formés par des matériaux.
- Différents matériaux ont différentes propriétés telles que la dureté et le poids.

## A. Colorie les objets.

Objets fabriqués en

bois : brun
verre : bleu
métal : jaune
tissu : vert

**B.** **Décris chaque objet. Encercle ◯ le bon mot.**

1.

dur   mou

2.

léger   lourd

3.

rugueux   lisse

4.

clair
foncé

5.

brillant   terne

**C.** **Barre ✗ le matériau qui ne peut pas être utilisé pour fabriquer l'objet.**

| Une chaussure | Un casque | Un oreiller |
|---|---|---|
| le cuir | le verre | le tissu |
| le ciment | le métal | les plumes |
| le tissu | le plastique | le bois |

# Les matériaux qui s'assemblent

- Certains matériaux peuvent être utilisés pour assembler des choses.

**A.** Colorie les feuilles de papier avec les noms des matériaux qui peuvent assembler les choses pour aider la petite spirale à trouver le papier.

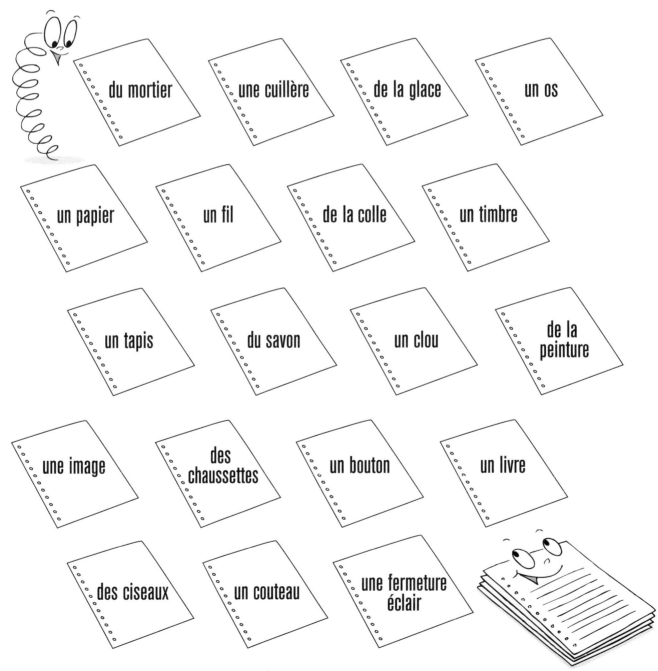

du mortier

une cuillère

de la glace

un os

un papier

un fil

de la colle

un timbre

un tapis

du savon

un clou

de la peinture

une image

des chaussettes

un bouton

un livre

des ciseaux

un couteau

une fermeture éclair

**B. Associe les matériaux qui ont besoin d'être assemblés aux matériaux qui les assembleront. Écris les lettres.**

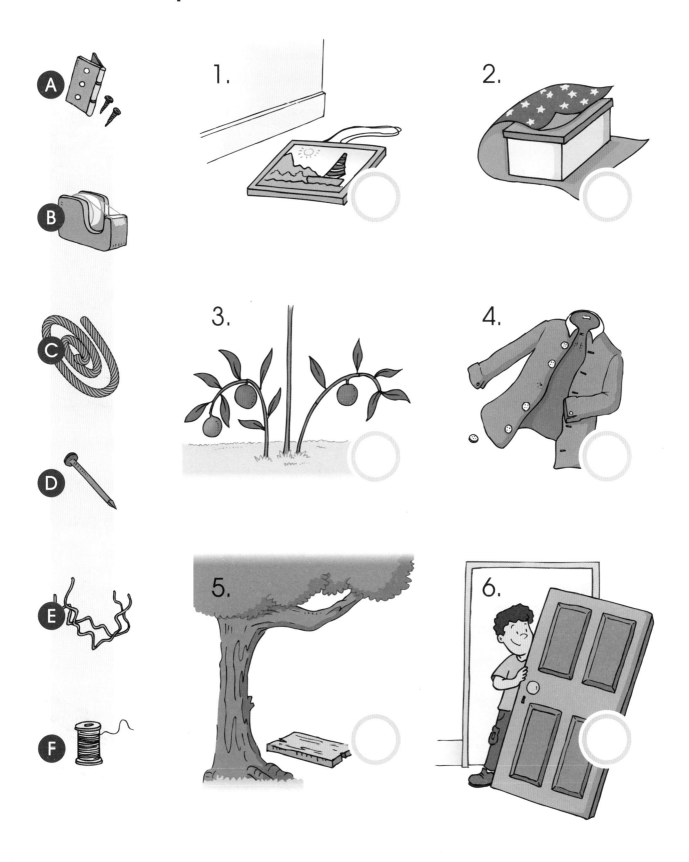

# Les matériaux qui changent

- La chaleur, le refroidissement et d'autres choses peuvent changer l'état d'une matière.
- Lorsqu'un matériau change, certaines de ses propriétés changent.

**A. Associe la bonne image pour montrer le matériau avant et après le changement. Trace une ligne.**

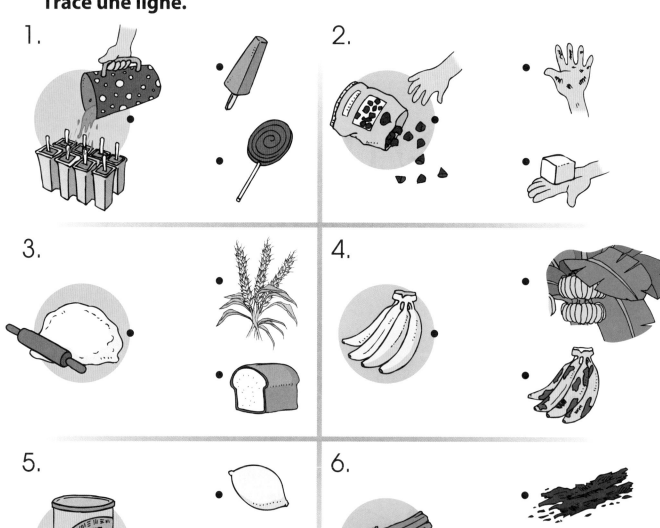

**B. Lis ce que dit le Dr Stein. Aide-le à cocher ✔ les bonnes lettres et à remplir les blancs.**

épais    liquide

collant    mou

baveux    mouillé

*Regarde les changements de chaque matériau. Dis si le deuxième a un goût, une texture, une odeur ou une forme différents du premier. Ensuite, décris la nouvelle propriété de chaque matériau.*

| Projet 1 | Projet 2 | Projet 3 |
|---|---|---|

| Différente ___ | Différentes ___ | Différents ___ |
|---|---|---|
| Ⓐ texture | Ⓐ texture | Ⓐ texture |
| Ⓑ odeur | Ⓑ odeur | Ⓑ odeur |
| Ⓒ goût | Ⓒ goût | Ⓒ goût |
| Ⓓ forme | Ⓓ forme | Ⓓ forme |

**Nouvelles propriétés :**

_____

_____

**Nouvelles propriétés :**

_____

_____

**Nouvelles propriétés :**

_____

_____

# Réutiliser et recycler

- Plusieurs objets peuvent être réutilisés et recyclés.
- On trie des objets pour le recyclage d'après leurs matériaux.

**A.  Mets les objets dans les bons bacs de recyclage. Écris les lettres.**

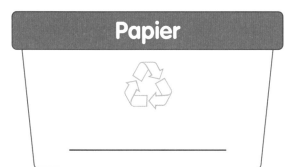

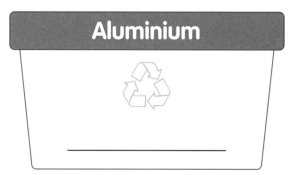

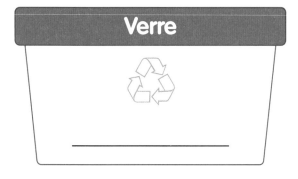

**B.** **Regarde l'image. Colorie les objets réutilisés et recyclés.**

**C.** **Comment chaque objet peut-il être réutilisé? Dessine une image.**

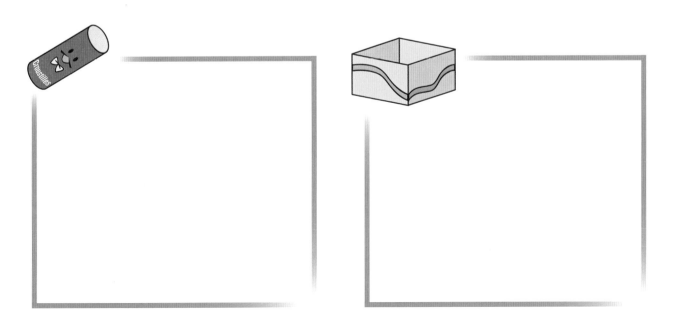

# L'énergie et le soleil

- L'énergie fait bouger ou changer des choses.
- La plupart de l'énergie sur Terre provient du soleil.

**A.   Aide Sam à écrire les mots représentés par les images.**

Le 1._____  produit la plupart de

l'énergie sur Terre.  L'énergie aide les 2._____

à faire avancer.  Elle fait avancer aussi

les 3._____ .  Pour bien pousser, les

4._____ ont besoin d'énergie.  Nous avons

de l'énergie quand nous mangeons des 5._____

. Nos 6._____ ont besoin d'énergie

pour bien fonctionner.  Sans 7._____ ,

il n'y aurait aucune vie sur

8._____ .

**B.** **Trace les pointillées pour compléter le soleil. Ensuite, colorie les mots liés au soleil dans les mots cachés.**

soleil    vie    énergie
chaleur    lumière

| l | b | z | l | c | r | z | c |
|---|---|---|---|---|---|---|---|
| é | n | e | r | g | i | e | h |
| s | h | l | c | v | e | f | a |
| n | u | n | o | b | i | e | l |
| s | o | l | e | i | l | e | e |
| p | c | m | k | k | f | l | u |
| l | u | m | i | è | r | e | r |

# 15

# L'énergie et la nourriture

- Le soleil fournit de l'énergie pour des plantes vertes et d'autres êtres vivants.
- En mangeant d'autres êtres vivants, nous avons de l'énergie pour rester actifs et vivants.

La nourriture me donne de l'énergie.

**A. Colorie les bonnes images pour montrer comment les êtres vivants reçoivent de l'énergie.**

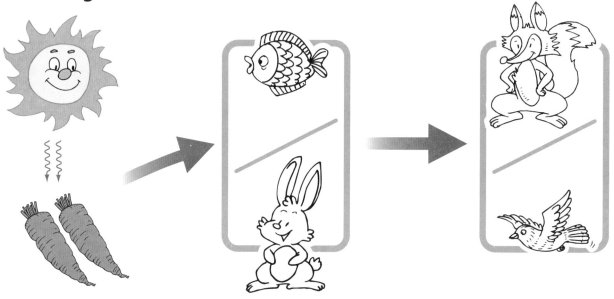

**B.  Complète la chaîne alimentaire avec les mots donnés.**

**lion    sauterelle    renard    herbe**

## Chaîne alimentaire :

☀ ➡ _____ ➡ _____ ➡ _____ ➡ _____

**C.  Nous avons besoin d'énergie pour faire des activités quotidiennes. Mets les images dan l'ordre croissant, de la plus petite à la plus grande consommation d'énergie. Écris les lettres.**

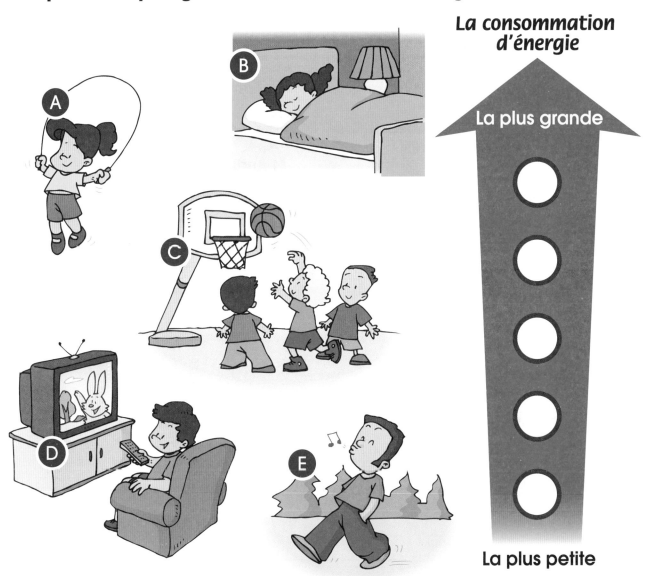

# L'utilisation intelligente de l'énergie

- Nous utilisons l'énergie pour rendre plus facile notre vie.
- L'énergie que nous utilisons vient de plusieurs endroits différents.
- Nos sens nous aident à utiliser l'énergie de façon plus intelligente.

> J'aime les sports, mais je veux conserver mon énergie.

**A.** Écris les noms des producteurs d'énergie pour les images à l'aide des mots donnés.

| le soleil | l'électricité | le bois | l'essence | le vent |
|---|---|---|---|---|

1.
   _____

2.
   _____

3.
   _____

4.
   _____

5.
   _____

**B.** Quels sens utilisons-nous pour indiquer quand nous avons besoin d'énergie et que nous arrêtons de l'utiliser? Écris les sens sur les lignes.

l'ouïe      la vue      le toucher

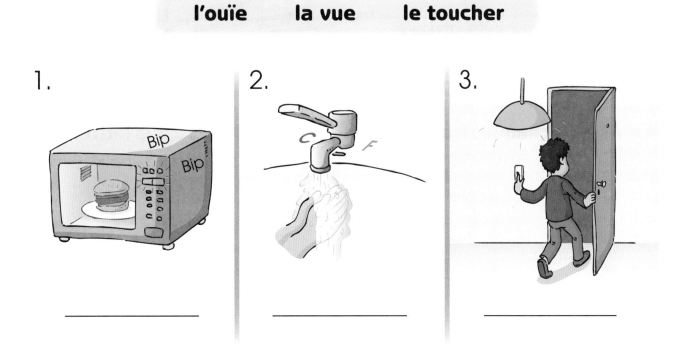

1. _____

2. _____

3. _____

**C.** Colorie le scénario qui montre l'utilisation de l'énergie la plus intelligente dans chaque paire.

# 17

# Les structures autour de nous

- Les structures peuvent être fabriquées pour nous aider à faire des choses.
- Les structures peuvent être fabriquées sous formes simples.

**A. Associe chaque structure à la bonne fonction. Écris la lettre.**

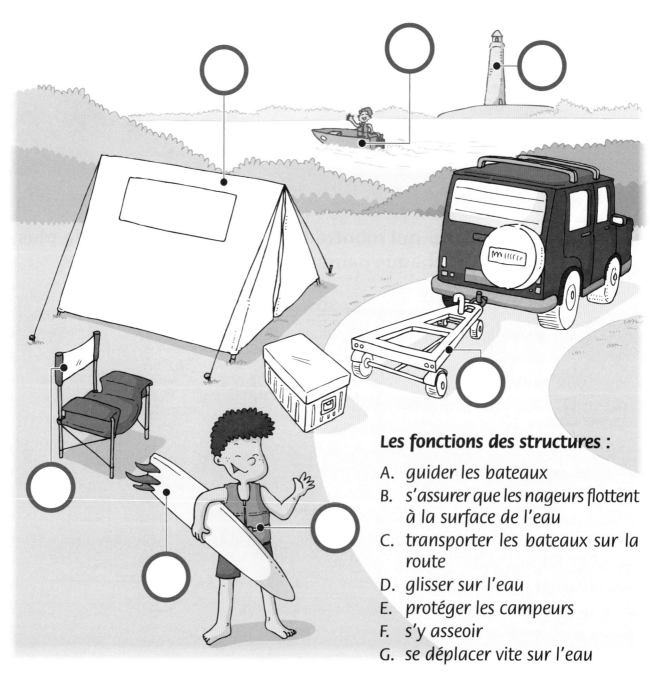

**Les fonctions des structures :**

A. guider les bateaux
B. s'assurer que les nageurs flottent à la surface de l'eau
C. transporter les bateaux sur la route
D. glisser sur l'eau
E. protéger les campeurs
F. s'y asseoir
G. se déplacer vite sur l'eau

**B.** **Nomme et colorie les formes. Ensuite, trouve un exemple pour chaque forme dans le terrain de camping à la page 284 en la coloriant d'une même couleur.**

**le rectangle** – jaune    **le cercle** – orange    **le triangle** – bleu

 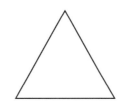 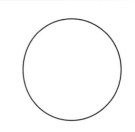

1. _____  2. _____  3. _____

**C.** **Relie les points et écris les noms des structures.**

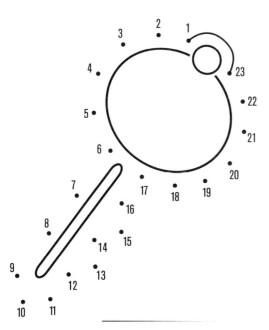

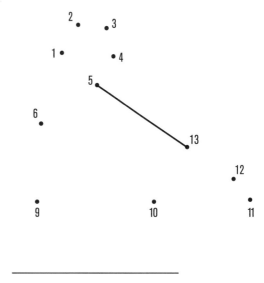

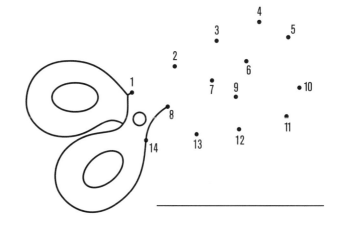

_____

_____

_____

# 18

# Les structures naturelles

- Les êtres vivants et non-vivants fabriquent des structures.
- Nous pouvons voir des structures dans le monde naturel et nous créons nos propres versions en se basant sur ceux-ci.

**A.** Associe chaque structure au bon constructeur. Écris la lettre.

A. une araignée   B. une abeille   C. un rouge-gorge
D. une termite   E. un pic   F. le gel et le dégel de l'eau

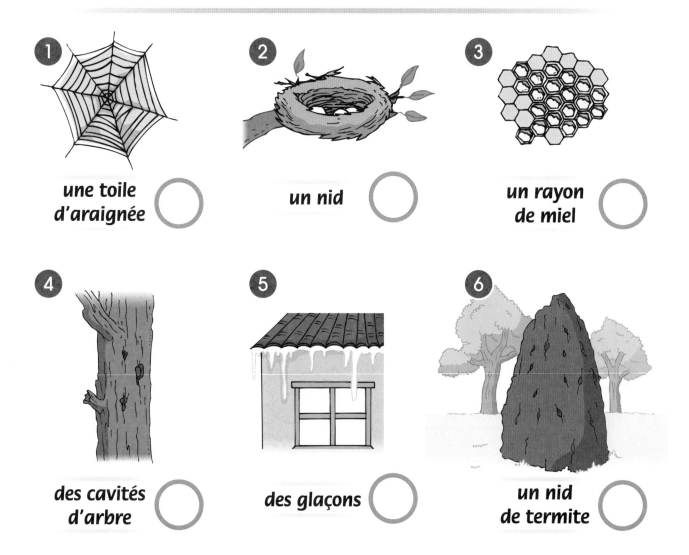

**1** une toile d'araignée ◯

**2** un nid ◯

**3** un rayon de miel ◯

**4** des cavités d'arbre ◯

**5** des glaçons ◯

**6** un nid de termite ◯

**B.** Écris les noms des structures naturelles qui ressemblent aux constructions humaines.

une toile d'araignée    un barrage de castors    un rayon de miel

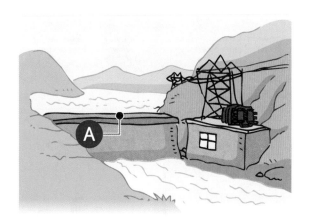

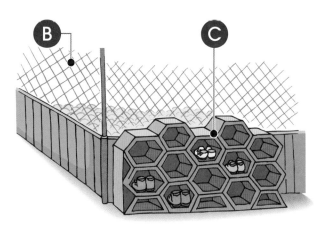

 A _____

 B _____

 C _____

**C.** Associe les structures du corps aux fonctions qu'elles accomplissent. Écris les lettres.

| Les structures du corps | Les fonctions qu'elles accomplissent |
| --- | --- |

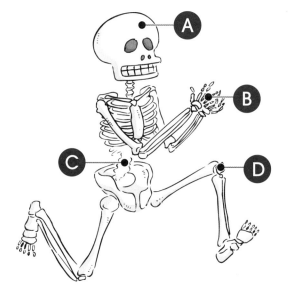

◯  protège le cerveau

◯  bouge

◯  ramasse des choses, fabrique des outils

◯  soutiens le corps

# 19

# L'ensemble des structures

> Un verrou et une boîte créent un coffre-fort.

- Deux ou plusieurs structures peuvent être assemblées pour créer un appareil.
- Un appareil peut être utilisé pour nous aider.

**A. Encercle ◯ les structures dont nous avons besoin pour créer chaque appareil.**

1.

2.

3.
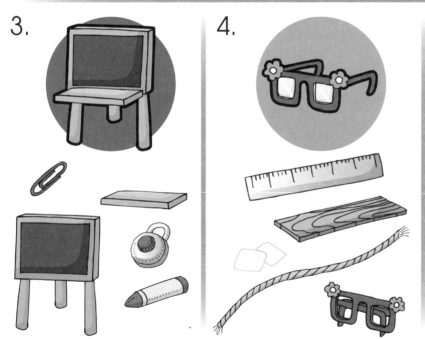

4.

5.

**B.** Regarde le nouvel appareil de Gabe. Coche ✔ les bonnes images pour montrer les structures que Gabe a utilisées pour le construire.

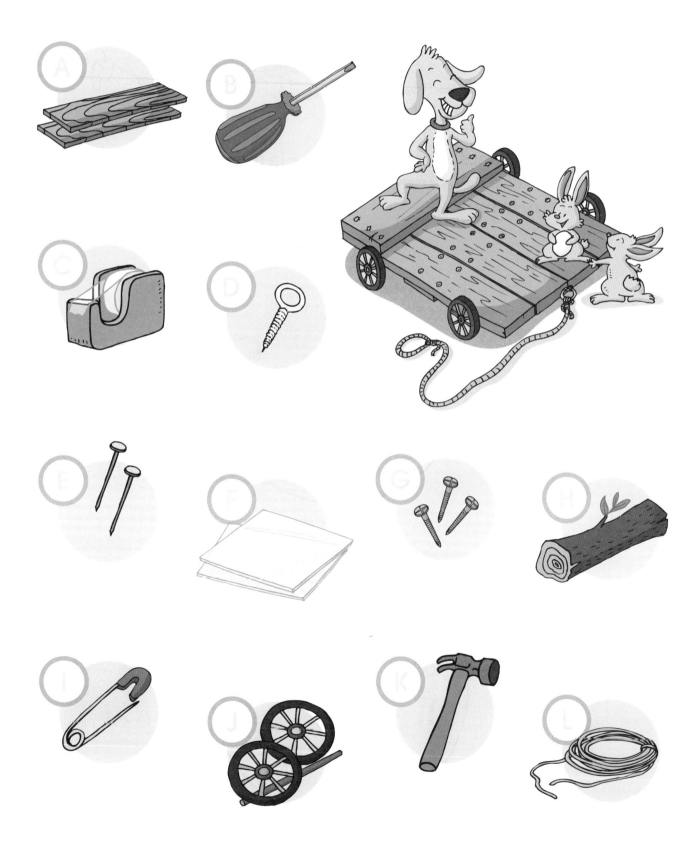

# 20

# Le jour et la nuit

- Le soleil nous donne la lumière. La Terre tourne pour nous donner les jours et les nuits.

- Différentes choses se passent à différents moments de la journée.

**A.** **Remplis les blancs avec « le jour » ou « la nuit ». Ensuite, colorie en jaune la partie de la Terre qui montre le jour et en bleu la partie qui montre la nuit.**

1.

C'est _____.

C'est _____.

2.

C'est _____.

C'est _____.

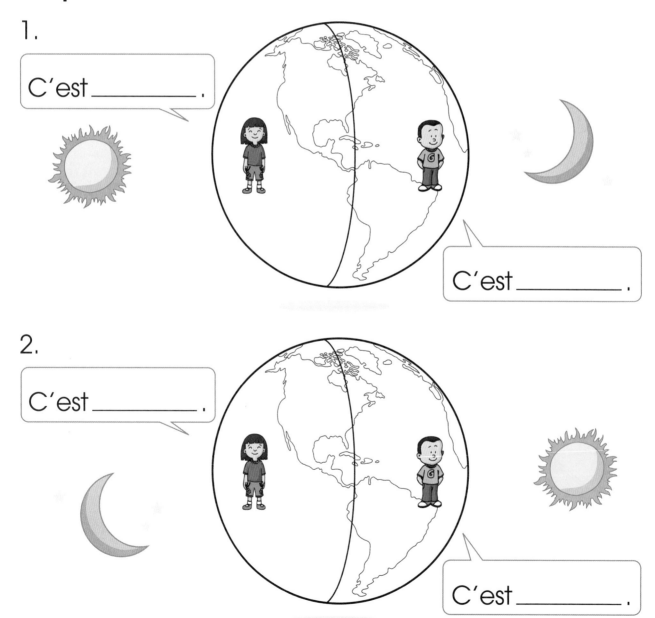

**B.  Coche ✔ l'image qui montre ce qui va arriver.**

1.  Un tournesol suit le soleil à trois différents moments d'une journée :

2.  La routine quotidienne d'un enfant :

**C.  Associe chaque ombre au moment de la journée. Écris la lettre.**

Ⓐ le matin     Ⓑ l'après-midi     Ⓒ le soir

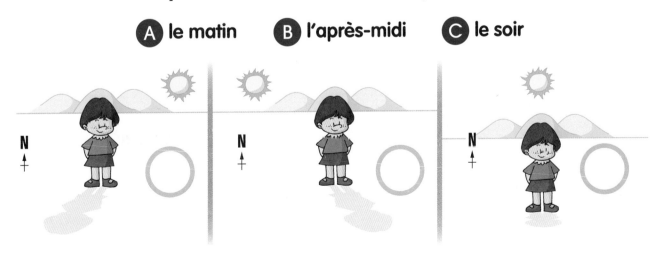

# Les saisons

- Les quatre saisons sont le printemps, l'été, l'automne et l'hiver.
- Les activités qu'on fait dépendent de la saison dans laquelle on est.

**A. Quand font-ils ces activités? Mets-les dans les bons groupes. Écris les lettres.**

**Travailler**

**Jouer**

| L'été | L'hiver |
|---|---|
| Travailler : _____ | Travailler : _____ |
| Jouer : _____ | Jouer : _____ |

**B.** **Remplis les lettres manquantes pour compléter le nom de chaque saison. Ensuite, encercle ⬭ l'image qui correspond à la saison.**

1.  Le p__ __ __te__ __ __

2.  L'é__ __

3.  L'__ __tom__ __

4.  L'h__v__r

**C.** **Réponds aux questions.**

Quelle saison est-ce en ce moment?

_____

Qu'aimes-tu faire en été?

_____

# 22

# Les plantes tout au long des saisons

- D'une saison à l'autre, nous pouvons voir des changements chez les plantes.

**A.** **Écris la bonne saison pour chaque image.**

**B.** **Colorie les feuilles d'érable selon différentes saisons.**

1. L'été

2. L'automne

**C. Trace des lignes pour associer les plantes au printemps aux mêmes plantes en été.**

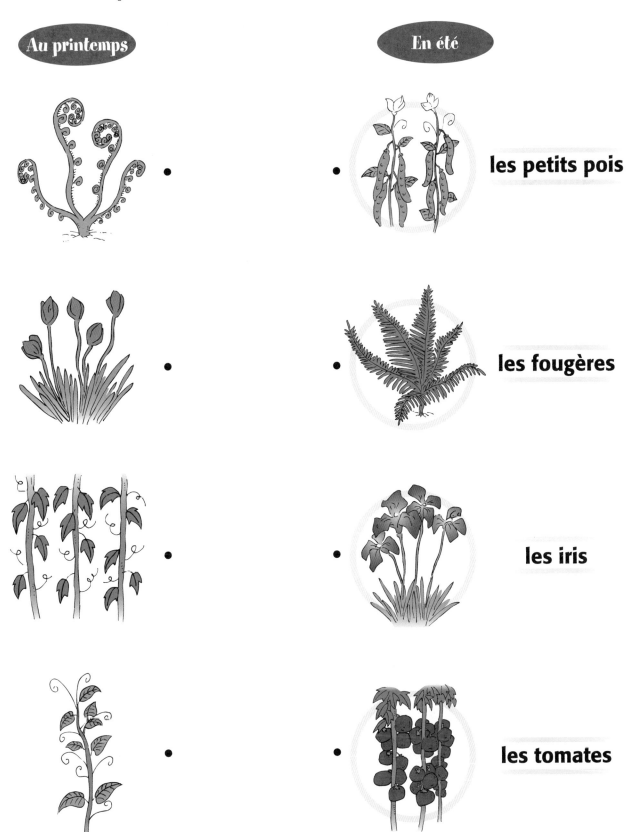

Au printemps

En été

les petits pois

les fougères

les iris

les tomates

# Les animaux tout au long des saisons

Je vais avoir un manteau épais en hiver.

- Les animaux changent par rapport aux saisons.
- Les animaux vivent différemment durant les hivers froids.

**A. En quelle saison les animaux sont-ils? Écris « le printemps », « l'été », « l'automne » ou « l'hiver » sur les lignes.**

1.

_____

2. sud

_____

3.

_____

4.

_____

5.

_____

6.

_____

**B.** Regarde ce que les animaux font pour survivre pendant les hivers froids. Associe chaque image à la bonne description. Écris la lettre.

**A** hiberner tout au long des hivers froids

**B** migrer vers des régions plus chaudes au sud

**C** faire pousser un manteau de fourrure plus épais pour rester au chaud

**C.** Lis le poème. Écris la saison pour laquelle se préparent les animaux.

*Garde tes noix, jeune écureuil.*

*Va dormir, petit escargot.*

*Mange ton saumon, ours noir.*

*Voyage au sud, baleine à bosse.*

# Les animaux nocturnes

- *Certains animaux dorment pendant la journée et chassent et mangent pendant la nuit. Ils sont nocturnes.*

- *Les animaux nocturnes ont des sens très forts qui les aident à survivre à l'obscurité.*

**A. Colorie les animaux nocturnes. Ensuite, associe les animaux à leurs noms. Écris les lettres à côté d'eux.**

A. le raton laveur
B. la luciole
C. la moufette
D. le chat
E. la chauve-souris
F. le hibou
G. le crapaud
H. le grizzly

**B.** Encercle ◯ les bons animaux nocturnes selon leurs sens forts.

1. **Le sens de l'ouïe**

2. **Le sens de la vue**

3. **Le sens de l'odorat**

4. **Le sens du toucher**

# Réponses

# 1 La comparaison

1.

2.

3.

4.

5.

6.

7. A
8. A
9. B
10. A
11. B
12. A

13.

14.

15.

16.

17. B, C, A
18. B, A, C
19. C, A, B
20. B, C, A
21. C, A, B ;
l'éléphant

22. (Réponse suggérée pour le bracelet le plus long)

23. la même
24. plus grands
25. les plus grands
26. plus longs
27. plus courts
28. plus court

# 2 Plus sur la comparaison

1.

2.

3.

4.

5.

6.

7.

8.

9.

10.

11.

12.    13. B

14. C   15. B

16.    17.

18.    19.

20.    21.

22. plus lourd   23. plus léger

24.

25.    26.

27.

28.

29. A   30. B
31. A

## 3   Ordonner et classifier

1. ✔   2.
3. ✔   4. ✔
5.
6. B ; A ; D ; C
7. A ; D ; B ; C
8. B ; C ; D ; A
9. A ; D ; C ; B

10.    11.

12.    13.

14.

15. Les animaux : B, C ;
    Les plantes : A, D, E
16. Les aliments : A, C, D ;
    Les jouets : B, E

## 4   Les séquences

1. B ; C ; A
2. A ; C ; B
3. A ; B ; C
4. B ; C ; A
5. A ; D ; B ; C ;

6. C ; B ; D ; A ;

7. A ; C ; B ; D ;

8. 1$^{re}$ ;                 2$^e$

9.            ; 5$^e$

10.            ; 5$^e$

11. 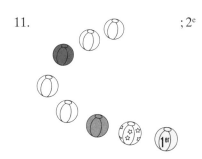 ; 2ᵉ

12. cinquième      13. septième
14. deuxième       15. huitième
16. premier        17. quatrième
18. quatrième ; troisième
19. premier ; quatrième ; sixième

27. 3 ; 4          28. 6 ; 7
29. 5 ; 4          30. 8 ; 7
31. 6 ; 7 ; 8      32. 7 ; 6 ; 4
33. 7 ;

34. 3 ;

35. 3 ;

36. 9 ;

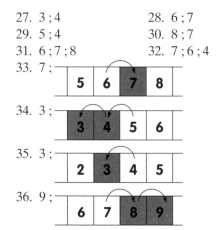

# 5  Les nombres de 1 à 10

1. 3            2. 5
3. 6            4. 8
5. 2            6. 9
7. cinq         8. sept
9. six          10. huit
11. trois       12. neuf
13. 6           14. 10
15. 3           16. 8
17. 3           18. 6
19. 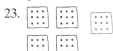 ; 4   20. ; 6
21.  ; 5   22. ; 9
23.
24.
25.
26.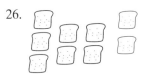

# 6  L'addition et la soustraction de 1

1. 5 ; ; 6

2. 6 ; ; 7

3. 3 ; ; 4

4. 2 ; ; 3

5. ; 5 ; 1 ; 6

6. ; 4 ; 1 ; 5

7. ; 3 ; 1 ; 4

8. ; 1 ; 6 ; 7

9. 7 ;  ; 6

10. 6 ; 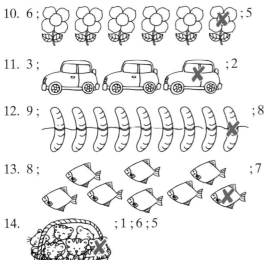 ; 5

11. 3 ; ; 2

12. 9 ; ; 8

13. 8 ; 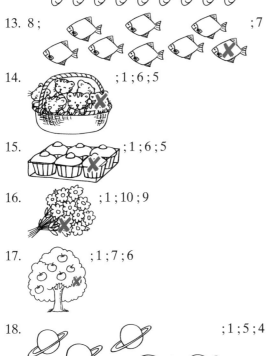 ; 7

14. ; 1 ; 6 ; 5

15. ; 1 ; 6 ; 5

16. ; 1 ; 10 ; 9

17. ; 1 ; 7 ; 6

18.  ; 1 ; 5 ; 4

## 7   L'addition et la soustraction jusqu'à 6

1. ☼ ☼ ; 2 ; 5

2. ☺ ☺ ; 2 ; 4

3. 🍎 ; 1 ; 5

4. 🐟 🐟 🐟 ; 3 ; 6

5. 2 ; 4                    6. 4 ; 1 ; 5

7. 2 ; 1 ; 3                8. 3 ; 2 ; 5

9. 3 ; 1 ; 4                10. 2 ; 3 ; 5

11-12.  (Dessins individuels)

11. 6

12. 6

13.  ; 1 ; 2 ; 1 ; 2

14.  ; 2 ; 2 ; 2 ; 2

15.  ; 3 ; 4 ; 3 ; 4

16. ; 1 ; 8 ; 1 ; 8

17. 3 ; 1 ; 4

18. 4 ; 1 ; 3

19. 5 ; 2 ; 3

20. 2 ; 3 ; 5

21. 2 ; 4 ; 6 ; 6

22. 3 ; 1 ; 2 ; 2

## 8   L'addition et la soustraction jusqu'à 10

1. 5 ; 9                    2. 5 ; 2 ; 7

3. 6 ; 3 ; 9                4. 2 ; 6 ; 8

5. 5 ; 2 ; 7                6. 4 ; 4 ; 8

7. 8                        8. 6

9. 7                        10. 10

11. 7                       12. 9

13. 9                       14. 5

15-24.  (Dessine 10 pommes sur l'arbre.)

15. 9
16. 4
17. 8
18. 8
19. 7
20. 10
21. 6
22. 6
23. 8
24. 7
25. 6 ; 2 ; 4
26. 5 ; 3 ; 2
27. 6 ; 5 ; 1
28. 9 ; 3 ; 6
29. 7 ; 3 ; 4
30. 8 ; 5 ; 3
31. 5
32. 3
33. 5
34. 2
35. 7
36. 4
37. 6
38. 4
39. 8
40. 3
41. 3
42. 8
43. 4
44. 10
45. 4
46. 9
47. 4
48.   10 ; 4
    −  6
      4

42.     5 ; 0
    −  5
       0

43. 5 + 2 = 7 ; 7
44. 7 − 3 = 4 ; 4
45. 4 + 4 = 8 ; 8
46. 5 − 5 = 0 ; 0

## 9  Plus sur l'addition et la soustraction

1. 7
2. 8
3. 7
4. 4
5. 1
6. 3
7. 8
8. 3
9. 7
10. 2
11. 9
12. 7
13. 5
14. 5
15. 9
16. 2
17. 6
18. 5 ; 5
19. 7
20. 0 ; 3
21. 0 ; 4
22. 0 ; 5
23. 9
24. 8
25. 6
26. 1
27. 5
28. 4
29. 7
30. 3
31. 2
32. 0
33. 0
34. 0
35. 0
36. 0
37. 0
38. 0
39. 0
40. 0
41.     2 ; 0
    −  2
       0

## 10  Les nombres de 1 à 20

1. 6
2. 8
3. 16
4. 14
5. 15
6. 12
7. 16
8. 13
9. 20
10. 14
11. 11
12. 17
13. 8
14. 16
15. 11
16. 15
17. 9
18. 4
19. 14 ; 15 ; 16 ; 18
20. 17 ; 16 ; 14 ; 13
21. 9 ; 10 ; 12 ; 13
22. 7 ; 6 ; 4 ; 3
23. 12 ; 13 ; 14 ; 16
24. 14 ; 13 ; 12 ; 10
25. 5, 9, 13
26. 2, 10, 16
27. 4, 5, 8, 10
28. 2, 3, 7, 11
29. 12 ;
30. 15 ;
31. 8 ;

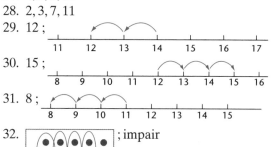

32. 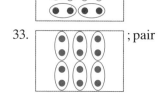 ; impair

33. ; pair

34.

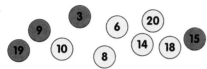

## 11 Les nombres de 21 à 100

1. 48
2. 37
3. 53
4. 66
5.

| 1 | 2 | 3 | 4 | 5 | 6 | 7 | 8 | 9 | 10 |
|---|---|---|---|---|---|---|---|---|---|
| 11 | 12 | 13 | 14 | 15 | 16 | 17 | 18 | 19 | 20 |
| 21 | 22 | 23 | 24 | 25 | 26 | 27 | 28 | 29 | 30 |
| 31 | 32 | 33 | 34 | 35 | 36 | 37 | 38 | 39 | 40 |
| 41 | 42 | 43 | 44 | 45 | 46 | 47 | 48 | 49 | 50 |
| 51 | 52 | 53 | 54 | 55 | 56 | 57 | 58 | 59 | 60 |
| 61 | 62 | 63 | 64 | 65 | 66 | 67 | 68 | 69 | 70 |
| 71 | 72 | 73 | 74 | 75 | 76 | 77 | 78 | 79 | 80 |
| 81 | 82 | 83 | 84 | 85 | 86 | 87 | 88 | 89 | 90 |
| 91 | 92 | 93 | 94 | 95 | 96 | 97 | 98 | 99 | 100 |

6. 57
7. 73
8. 90
9. 93
10. 66
11. 39
12. 66 ; 67 ; 70 ; 71
13. 90 ; 92 ; 93 ; 95
14. 42 ; 40 ; 39 ; 38
15. 4 | 7 ; 4 ; 7 ; 40 ; 7
16. 5 | 2 ; 5 ; 2 ; 50 ; 2
17. 6 ; 5
18. 10
19. 3 ; 8
20. 6
21. 9 ; 7
22. 80 ; 7
23. 53
24. 34
25. 49
26. 61
27. 54
28. 85
29. 23
30. 88 ; (ligne numérique 87 88 89 90 91 92)
31. 31 ; (ligne numérique 27 28 29 30 31 32)
32. 60 ; (ligne numérique 58 59 60 61 62 63)

33. 81 ;  77 78 79 80 81 82
34. 5 ; 16, 54, 70, 78, 82
35. 91

## 12 Compter par bonds de 1, de 2, de 5 et de 10

1. 87 ; 88 ; 90 ; 91 ; 92
2. 10 ; 9 ; 7 ; 6 ; 4
3. 17 ; 15 ; 14 ; 12 ; 11
4. 66 ; 67 ; 69 ; 70 ; 71
5. 47, 48, 49, 50, 51, 52, 53, 54, 55, 56, 57, 58
6. 16, 15, 14, 13, 12, 11, 10, 9, 8, 7, 6
7.
   2 ; 4 ; 6 ; 8 ; 10 ; 12 ; 14 ; 16 ; 16
8.
   2, 4, 6, 8, 10, 12, 14 ; 14
9.
   2, 4, 6, 8, 10, 12, 14, 16, 18 ; 18
10. 6
11. 8
12. 18
13. 16
14. 80 ; 82 ; 84 ; 88
15. 30 ; 28 ; 24 ; 22
16. 5 ; 10 ; 15 ; 20 ; 25 ; 30 ; 35 ; 40 ; 45 ; 50
17. 35 ; 45 ; 50 ; 60
18. 70 ; 75 ; 85 ; 95
19. 70 ; 65 ; 60 ; 50
20. 20 ; 25 ; 35 ; 40
21.  ; 60
22. ; 30

23. 40
25. 30
27. 8
29. 10 ; 40

24. 70
26. 90
28. 5

## 13 L'argent

1.

Pièce de deux dollars; __2__ $

Pièce de un dollar; __1__ $

Pièce de vingt-cinq cents; __25__ ¢

Pièce de dix cents; __10__ ¢

Pièce de cinq cents; __5__ ¢

Pièce de un cent; __1__ ¢

2. a. pièce de deux dollars
   b. pièce de dix cents

3.

4.

5.

6.

7.

8. 

9. C, A, B
10. B, C, A
11. B, C, A
12. A, C, B
13. 17
15. 18
17. 16
19.

14. 14
16. 8
18. 14

20.

21.

22.

23.
```
   4 ¢    ; 9
 + 5 ¢
   9 ¢
```

24.
```
   8 ¢    ; 5
 − 3 ¢
   5 ¢
```

25.
```
  10 ¢    ; 2
 − 8 ¢
   2 ¢
```

## 14 Mesurer à l'aide des unités non conventionnelles

1. 5 ; 15
3. 3 ; 9
5.

2. 6 ; 18
4. 1 ; 3

6.

7.

8. ceintures
9. pailles
10. a. 6 ; 10
    b. 10 ; 15
11. 
12. 6 ; 10
13. 40 ; 12 ; 30 ; 32
14. 
15. 2
16.                      ; 33

## 15 La capacité

1.
2.
3.
4.
5.
6.
7.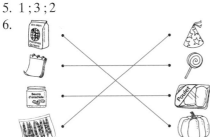

8. a. plus      b. la même capacité
9. a. moins      b.

10. a. 7 ; 9      b. 2
11. a. 6      b. 1 ; 3
     c. plus      d. 9
12. B      13. A
14. A      15. B
16. 8

## 16 La masse

1.
2. 

3. 1 ; 2 ; 3
4. 2 ; 3 ; 1
5. 1 ; 3 ; 2
6.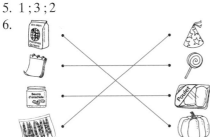

---

7. a. plus lourd
     b. plus léger
8. a. plus lourd
     b. plus léger
9. a. 10          b. 8
     c. 7            d. 5
10. la maison
11. la poupée
12.

13. 8          14. 4
15. 12        16. 2
17. 1 ; 1
18.

## 17 Les figures en 2D

1.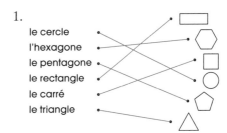
le cercle
l'hexagone
le pentagone
le rectangle
le carré
le triangle

2.      ; le triangle

3.      ; l'hexagone

4.      ; le rectangle

5. plus étroit ; plus large ; pareil
6. plus grand ; pareil ; plus petit
7. plus grand ; plus petit ; pareil
8.          a. triangle
         b. 3 ; 3

9. 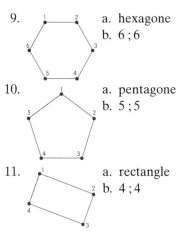 a. hexagone
b. 6 ; 6

10. a. pentagone
b. 5 ; 5

11. a. rectangle
b. 4 ; 4

12.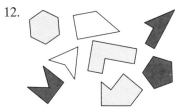

13. (Dessin suggéré)

## 18 Plus sur les figures

1. le triangle, le pentagone

2. le carré, le rectangle

3. l'hexagone, le cercle

4.

le triangle, le cercle

5.

6.

7.  ; un

8.  ; une

9.  ; un

10.  ; un quart

11.  ; un tiers

12.  ; une moitié

13. a. un quart
b. trois quarts
14. a. une moitié
b. une moitié

15. a. deux tiers
    b. un tiers
16. Non, parce que l'épée n'a pas quatre parties égales

## 19  Les figures en 3D

1. le cône
   le cube
   le cylindre
   le prisme
   la sphère

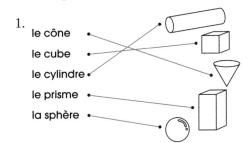

2.  ; le prisme

3.  ; le cylindre

4-9. (Dessins individuels)
   4. le cône          5. la sphère
   6. le prisme        7. le cylindre
   8. le cube          9. le cône
   10. ◯ ; cercle
   11. ◯ ; le cercle
   12. ▢ ; le carré
   13. ▯ ; le rectangle
   14. ▭ ; le rectangle
   15. sphère ; sauf que ses deux extrémités sont plates
   16. cylindre ; sauf que sa partie inférieure est plus étroite
   17. cube ; sauf qu'il a quatre courts pieds du bas
   18. △ ◯ ▢ ▮

## 20  Les directions (1)

1. Éric                 2. Bill
3. devant               4. derrière
5. 2                    6. 2
7. a. C                 b. devant
   c. derrière
8. a. B                 b. devant
   c. devant
9. a. droite            b. gauche
   c. droite
10. a. gauche           b. gauche
    c. droite
11.

12. Cindy ; Mabel ; Sue
13. devant
14. derrière
15. gauche
16. droite
17. derrière
18. droite
19. gauche

## 21  Les directions (2)

1. a. à l'intérieur     b. à l'extérieur
2. a. à l'extérieur     b. à l'intérieur
3. a. à l'intérieur     b. à l'extérieur
4. a. en dessous        b. au-dessus
   c. en dessous        d. en dessous
   e. en dessous        f. au-dessus
   g-h.

5. Colorie l'image C. ; en dessous
6. Colorie l'image A. ; au-dessus
7. Colorie l'image B. ; intérieur
8. à l'intérieur
9. au-dessus
10. au-dessus
11. au-dessus
12. à l'intérieur
13. Il y a 4 étoiles au-dessus de la tête du clown.
14. La souris est à l'intérieur du trou.

## 22 Les températures

1. Le printemps : B, G
   L'été : D, F
   L'automne : C, E
   L'hiver : A, H
2. a. l'hiver ; 4
   b. le printemps ; 1
   c. l'automne ; 3
   d. l'été ; 2
3. ☐ ; ensoleillé ; chaud ;

   ☐ ; ensoleillé ; la plus chaude ;

   ☐ ; froid;

   ☐ ; neigeux ; la plus froide
4. basse ; B
5. élevée ; plus chaud ; A
6. devient plus chaud.
7. devient plus froid.
8. 16 ; douce
9. 8 ; froide
10. 30 ; chaude
11. 2 ; froide
12. 27 ;

## 23 Les jours, les semaines, les mois et l'heure

1. mercredi
2. Dimanche, samedi
3. 3
4. vendredi
5. jouer à l'ordinateur
6. 7
7. 5 ; 9 ; 7 ;
   6 ; 10 ; 2 ;
   3 ; 12 ; 1 ;
   4 ; 11 ; 8
8.

| | | OCT **O** B R E | | | Calendrier de | |
|---|---|---|---|---|---|---|
| **LUN** | **MAR** | **MER** | **JEU** | **VEN** | **SAM** | **DIM** |
| | 1 | 2 | 3 | ④ | 5 | 6 |
| 7 | 8 | 9 | 10 | 11 | 12 | 13 |
| | 15 | 16 | 17 | 18 | 19 | 20 |
| 21 | 22 | 23 | 24 | 25 | 26 | 27 |
| 28 | 29 | 30 | | | | |

Sortie Scolaire

9. le 4 octobre
10. le 14 octobre
11. le 29 octobre
12. A : sept ; 7
    B : quatorze heures ; 14 h 00
    C : neuf heures ; 9 h 00
    D : vingt-deux heures ; 22 h 00
13. A ; C ; B ; D
14. presque ; neuf ;
    peu après quatre heures ;
    peu après onze heures et demie
15.
16.
17.

18.

19.

20.

21.

13. 

14. 

15.

16.

| 1 | 2 | 3 | 4 | 5 | 6 | 7 | 8 | 9 | 10 |
|---|---|---|---|---|---|---|---|---|---|
| 11 | 12 | 13 | 14 | 15 | 16 | 17 | 18 | 19 | 20 |
| 21 | 22 | 23 | 24 | 25 | 26 | 27 | 28 | 29 | 30 |
| 31 | 32 | 33 | 34 | 35 | 36 | 37 | 38 | 39 | 40 |
| 41 | 42 | 43 | 44 | 45 | 46 | 47 | 48 | 49 | 50 |
| 51 | 52 | 53 | 54 | 55 | 56 | 57 | 58 | 59 | 60 |
| 61 | 62 | 63 | 64 | 65 | 66 | 67 | 68 | 69 | 70 |
| 71 | 72 | 73 | 74 | 75 | 76 | 77 | 78 | 79 | 80 |
| 81 | 82 | 83 | 84 | 85 | 86 | 87 | 88 | 89 | 90 |
| 91 | 92 | 93 | 94 | 95 | 96 | 97 | 98 | 99 | 100 |

17. Il y a un 5 dans les unités.

## 24 Les régularités

1. ✔
2. ✘
3. ✔
4. ✘
5. ✔
6. 
7. 
8. 
9. 
10. 
11. 
12. 
13-14. (Dessins individuels)

## 25 L'organisation des données

1. A : Pomme : 15
   Orange : 20
   B : Grand : 18
   Petit : 17
2. A : Plantes : ⦀⦀ ||
   B : Cercle : ⦀⦀ ⦀⦀
   Carré : ⦀⦀ ||||
3.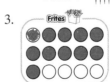

4.

| Poupée | Livre de contes | Blocs |

5. les poupées

## 26 Les pictogrammes

1. moins
2. moins
3. 3
4. 4
5. 5
6. 4
7. 3
8. 2
9. le basketball
10. 3
11. le patinage
12.

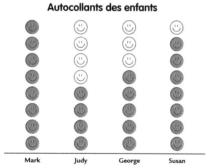

Autocollants des enfants

13. Mark
14. Judy
15. 2
16.

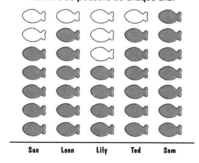

Nombre de poissons de chaque chat

17. Sam
18. Lily
19. 12
20. 28
21. 19

## 27 Les diagrammes concrets

1. 3 ; 4 ; 5 ; 5
2. 4
3. 2
4. 9
5. 15
6. a. 4
   b. 5
7. 3
8. 3
9. en autobus
10. à vélo
11.

Boissons que veulent les enfants

12. a. 5
    b. 4
13. 24
14. En été, parce que presque tous les enfants veulent une boisson fraîche
15.

Combos à commander

16. 5
17. D
18. 25
19. 16 combos

## 28 La probabilité

1.    2.

3.    4.

5. a. certain
   b. impossible
6. a. impossible
   b. certain
7. a. impossible
   b. certain
8. a. certain
   b. impossible
9-14. (Réponses suggérées)
   9. impossible
   10. probable
   11. certain
   12. improbable
   13. probable
   14. certain
   15. a. moins
       b. plus
   16. a. moins
       b. plus

17.

# 1 La rentrée

A. 1. pupitres
   2. calendriers
   3. ordinateurs
   4. crayons
   5. professeurs
   6. élèves
   7. cahiers
B. 1. un livre
   2. deux horloges
   3. huit règles

# 2 Tout sur moi!

A. 1. la bouche
   2. la main
   3. le bras
   4. les doigts
B. 1. mains
   2. genoux
   3. œil
   4. pied
   5. tête
   6. nez
C. 1. queue
   2. deux yeux
   3. J'ai quatre mains.

# 3 Ma famille

A. 1. grand-mère
   2. mère
   3. cousin
   4. Marie est ma sœur.
   5. Stéphane est mon grand-père.
B. (Dessins et réponses individuels)

# 4 Notre nouvelle maison

A. lit
   télévision
   escalier

B. 1. machine à laver
   2. Où est le canapé?
   3. Où est le lit?

C.

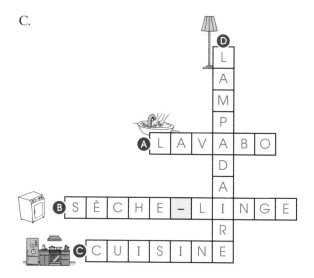

# 5 Les sports

A. 1. basketball
   2. natation
   3. hockey
   4. soccer
   5. patinage
B. 1. hockey
   2. natation
   3. tir à l'arc

# 6 À l'épicerie

A. Déjeuner : Lait ; Yogourt ; Pain ; Croissants au chocolat
   Légumes : Brocolis ; Carottes ; Maïs
   Fruits : Oranges ; Raisins ; Melons d'eau ; Pommes
B. 1. ne sont pas
   2. n'aime pas
   3. Maman et moi n'allons pas à l'épicerie.
   4. À l'épicerie, les gâteaux ne coûtent pas cher.

## 7  J'aimerais être...

A. 1. médecin
2. boulangère
3. pompier ; pompière
4. le photographe ; la photographe
B. 1. la danseuse
2. le professeur

## 8  Au zoo

A. A. éléphant
B. Il y a trois girafes.
C. Il y a cinq zèbres.
D. Il y a deux lions.
B. oiseaux ; zèbres ; éléphant ; girafes

## 9  L'Halloween

A. citrouille ; bougie ; pirate ; sorcière ;
balai ; bonbons
B.

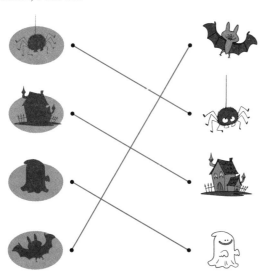

## 10  Une soirée chez grand-papa

A. avoir faim : ai ; as ; a ; a ; avons ; avez ; ont ; ont
avoir sommeil : ai ; as sommeil ; a sommeil ;
a sommeil ; avons sommeil ; avez sommeil ;
ont sommeil ; ont sommeil

B. 1.

2.

3.

4. ont chaud

## 11  Le ciel bleu

A.

| masculin singulier | féminin singulier | masculin pluriel | féminin pluriel |
|---|---|---|---|
| bleu | bleue | bleus | bleues |
| petit | petite | petits | petites |
| grand | grande | grands | grandes |
| content | contente | contents | contentes |
| différont | différente | différents | différentes |
| lourd | lourde | lourds | lourdes |

B. Mon amie et moi aimons regarder le ciel (bleu).
Nous voyons des nuages (blancs) et de (petits)
oiseaux de (différentes) couleurs.
Certains sont (lourds). Certains sont (grands)
devant nos yeux.
Nous sommes (contentes) de regarder le ciel
(bleu).
(Réponses suggérées)
1. lourd
2. bleus ; petits

## 12 L'histoire de l'ananas

A. L'(a)n(a)n(a)s est un des f(a)meux fruits aux m(a)rchés. Originaire d'(A)mérique du Sud, l'(a)n(a)n(a)s (a) migré vers l'(A)mérique centr(a)le et les C(a)r(a)ïbes. Gr(â)ce (à) Christophe Colomb, l'(a)n(a)n(a)s est devenu populaire en Europe. Le mot *an(a)n(a)s* signifie « p(a)rfum » en tupi-gu(a)r(a)ni (langue indigène en (A)mérique du Sud).
Aujourd'hui, tout le monde aime manger des an(a)n(a)s. On peut les utiliser pour faire un g(â)teau. Délicieux!

B.

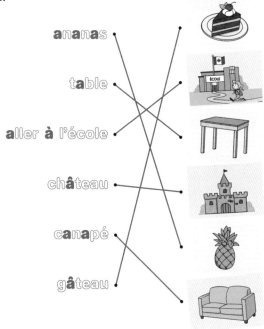

## 13 Anaïs, ma chatte mignonne

A. J'aime ma chatte Ana(ï)s. Elle a s(i)x ans. Elle aime se cacher derr(i)ère mon l(i)t. Parfois, quand (i)l (y) a un orage, elle a peur et se cache sous le l(i)t. Toutes les nuits, elle aime dorm(i)r avec moi. Nous sommes am(i)es. Nous jouons, nous d(î)nons et nous v(i)vons ensemble. Ana(ï)s, quelle chatte m(i)gnonne!

B. i : lit ; ski
ï : maïs ; Anaïs la chatte ; ouïe
î : île ; dîner
y : cygne ; xylophone ; hockey

## 14 L'ukulélé

A. L'(u)k(u)lélé est un petit instr(u)ment de m(u)sique d'origine hawaïenne. Il ressemble à (u)ne petite guitare à quatre cordes. En 1879, les Port(u)gais sont arrivés à Hawaï pour travailler. Ils ont introd(u)it « machete » aux Hawaïens. Le « machete » est deven(u) pop(u)laire et on l'a appelé « (u)k(u)lélé ».

Un (u)k(u)lélé a quatre parties : la tête, la manche, la caisse de résonance et les cordes.

B. (Colorie les images suivantes.)

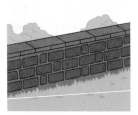

## 15 Les manchots

A. Les manch(o)ts sont des ois(eau)x marins. Ils habitent en Antarctique et (au) large des c(ô)tes d'Afrique et d'(Au)stralie. Le plus grand manch(o)t est l'empereur. Il est de 120 cm. Les manch(o)ts mangent des poissons. Les manch(o)ts femelles pondent un ou deux œufs. Quand les femelles sont à la recherche de nourriture, les mâles pr(o)tègent les œufs sous leur p(eau).

B. o : manchots ; métro ; photo
ô : hôtel ; pôle ; côte
au : chaud ; Australie ; haut
eau(x) : agneaux ; oiseaux ; peau

## 16 Une lettre pour une nouvelle amie

A.

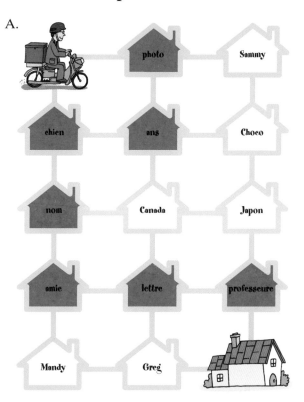

## 17 Une lettre du Japon

A.

B. 1. ✔
2. ✔
3. ✔
4. ✔
5.

C. 1. Sammy ; Canada
2. M^me Dubois
3. Tokyo ; Japon
4. Roi Lion
5. Simba
6. Sacré-Cœur
7. Montréal
8. Pekko

D. (Réponses suggérées)
1. Julien aime jouer avec moi.
2. Je nourris Choco tous les matins.
3. Mon cousin travaille à Toronto.
4. Il lit le Petit Prince.
5. M^me Dubois est une bonne professeure à mon école.

## 18 Le club de lecture

A. 1.
2.
3.
4

B. (Dessin et réponse individuels)
C. Noms de pays et de villes : Toronto ; France ; Québec
   Noms de personnes : Élisabeth ; Albert ; Paul
   En début de phrase : Je suis élève. ; C'est intéressant! ; Nous sommes amies!
D. 1. Salut!  Je m'appelle Ollie.
   2. Je suis un bébé kangourou.
   3. J'ai trois mois.
   4. Ma famille et moi habitons en Australie.
   5. J'habite avec ma mère et mon père.
   6. Nous pouvons sauter haut dans la jungle.

# 19  Une tempête de neige

A. 1. ✔
   2. ✔
   3.
   4. ✔
   5.
   6. ✔
B. (Dessin et réponse individuels)
C. 1. Comment ça va, grand-maman**?**
   2. J'ai fait un gâteau avec maman**.**
   3. Il goûte très bon**.**
   4. Il fait beau**.**
   5. C'est super**!**
   6. Où est grand-papa**?**
   7. Grand-papa, est-ce que tu es là**?**
   8. Est-ce que tu viens chez nous demain**?**
D. 1. Jasmine**,** David et moi allons nager dimanche.
   2. Le rose**,** le bleu et le vert sont mes couleurs favorites.
   3. Le printemps, l'été, l'automne et l'hiver sont les quatre saisons.
   4. Apporte de la colle**,** des ciseaux et du papier à la classe demain.
   5. Je bois de l'eau**,** du jus d'orange et du jus de pomme.
   6. Est-ce que tu veux une sucette**,** un bonbon ou un chocolat?

# 20  Ma maman, une élève

A. 1. à l'hôpital
   2. des repas sains
   3. infirmière
   4. élève
B. 1. patients
   2. repas
   3. fier
   4. fort
C. 1. (Ma maman) fait de petits gâteaux.
   2. (J')adore ses pâtisseries.
   3. (Les beignes) sont les meilleurs.
   4. (Papa) peut manger cinq beignes en même temps.
   5. (Nos voisins) apprennent à faire des gâteaux.
   6. (M^{me} Leblanc) peut faire des tartes délicieuses.
   7. (Ses fils) mangent des tartes comme déjeuner.
   8. (Ils) demandent à leur mère de faire des tartes.
D. 1. fille
   2. frères
   3. chien
   4. enfants
   5. garçon

# 21  Le gros navet – un conte russe

A. 1. C
   2. B
   3. D
   4. A
B. 3 ; 1 ; 5 ; 2 ; 4
C. 1. Il
   2. Ils
   3. Elle
   4. Elles
   5. Il
D. 1. Je
   2. Elle
   3. Vous
   4. Il
   5. Elles
   6. Tu
   7. Nous

## 22 Le roi de la jungle

A.

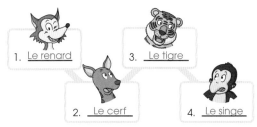

1. Le renard
2. Le cerf
3. Le tigre
4. Le singe

B.
1. Le renard voit le tigre.
2. Le tigre suit le renard.
3. Les cerfs ont peur et courent.
4. Les singes courent aussi.
5. Le tigre dit que le renard est le roi de la jungle.

C. (Colorie les cercles de ces phrases.)
1. Le renard est dans la jungle.
2. Le renard poursuit le lapin.
3. Le soleil est derrière les nuages.
4. Le chat mange le poisson.

D.
1. La souris aime manger du fromage.
2. Les fleurs sont colorées.
3. Antoine écrit une lettre.
4. Quel est ton livre préféré?
5. Les chiens prennent de l'eau.
6. Susanne va à la bibliothèque.
7. Elle met ses jouets dans la boîte.

C.
1.
2.
3.
4.
5.
6.
7.
8.

D.
1. tenir
2. frapper
3. secouer
4. taper

## 23 M. Musique, l'homme-orchestre

A.

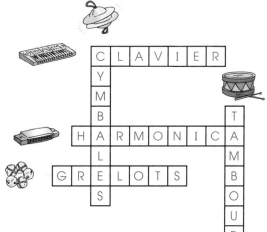

B.
1. une
2. une baguette

## 24 Mon nouveau chien

A.

B.   1. est
     2. est
     3. es
     4. suis
     5. sont
C.   1. sommes
     2. sont
     3. est
     4. êtes
     5. es

B.   (Dessin et réponse individuels)
C.   1. et
     2. ou
     3. ou
     4. et
     5. et
D.   1. ou
     2. ou
     3. et
     4. ou
     5. et

## 25 Ma dent tombée

A.   1. Hier
     2. la fée des dents
     3. une pomme
     4. une pièce de monnaie
B.

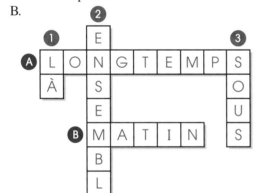

C.   le : nuage ; livre ; garçon ; chien ; gâteau ;
     la : pomme ; fille ; maison ; dent ; fée des dents
D.   1. le cadeau
     2. le lit
     3. la tour CN
     4. la télévision
     5. la plage
     6. le lapin

## 26 Ma journée parfaite

A.   1. sandwich
     2. oiseaux chanteurs
     3. poire
     4. robe bleue

## 27 Ma première visite chez le dentiste

A.   1. gentil
     2. peur
     3. nouvelle
     4. brosse à dents
B.   (Barre ces phrases.)
     1. Jean a soif.
     2. Tout le monde va au restaurant.
C.   1. Ma tante a un magasin.
     2. Il court tous les jours.
     3. Le nounours est brun.

## 28 Notre mangeoire d'oiseaux

A.

B.  1. B ; roule
    2. E ; vient
    3. C ; attache
    4. D ; aide
    5. A ; mets

C.

Je mets du beurre d'arachide sur le cône. Ma sœur roule le cône dans les graines. Grand-papa attache une ficelle au cône. Grand-papa nous aide à attacher le cône à la branche. Un oiseau vient au cône.

## 1   Qui suis-je?

A.   (Dessin et réponses individuels)
B.   (Réponses individuelles)

## 2   Les personnes spéciales

A.   un parent : 5 ; A
     un médecin : 1 ; D
     une professeure : 4 ; E
     un aîné : 3 ; C
     un facteur : 2 ; B
B.   (Dessin et réponses individuels)

## 3   Les endroits importants

A.   (Dessin et réponses individuels)
B.   (Dessin et réponse individuels)

## 4   Les choses spéciales

A.   (Dessins et réponses individuels)
B.

Celles-ci sont utilisées au lieu de la fourchette pendant les repas.

Celui-ci rappelle leur histoire aux familles.

Ceux-ci sont passés d'une génération à l'autre et on peut encore les porter pour garder les pieds au sec.

(Dessin et réponse individuels)

## 5   Les événements spéciaux

A.   (Dessins et réponses individuels)

## 6   Faire preuve de respect

A.   Coche 4 et 5.
B.

nettoyant

## 7   Mes changements de rôles

A.   1.  un petit-fils
     2.  une fille
     3.  un élève
     4.  une voisine
B.   (Dessin et réponses individuels)
C.
Je l'inviterais à ma fête.

Je l'aiderais à attacher ses lacets.

Je lui rendrais visite.

Je le/la réconforterais quand il/elle est triste.

un grand frère/ une grande sœur

un(e) ami(e)

les deux

## 8 Mes changements de responsabilités

A.  À la maison : une sœur ; A ; B
    À l'école : une élève ; A ; C
B.  (Dessins et réponses individuels)

## 9 Mes changements de rôles et de responsabilités

A.  (Réponses suggérées)
    A. À la maison, on peut aller aux toilettes quand
       on veut. À l'école, on peut faire preuve de
       respect en demandant à son professeur la
       permission avant d'aller aux toilettes.
    B. Dans le parc, on peut lire une histoire à haute
       voix. À la bibliothèque, on a besoin de parler
       tranquillement pour que les autres puissent
       étudier ou lire.
B.

**Les parents à la maison**
- gagner de l'argent
- lire des contes à l'heure du coucher
- faire des courses
- ranger la maison

**Les parents au travail**
- respecter des délais
- être ponctuels au travail

(Réponse individuelle)

## 10 Nos interactions avec les autres

A.  triste ; compatissant ; aide ; remercient ; heureux
B.  (Réponses suggérées)
    A : gênée, fâchée
    B : triste, mécontente
    C : reconnaissante
    (Réponse individuelle)

## 11 Mes ami(e)s et moi

A.  (Dessins et réponses individuels)
B.  (Réponses individuelles)

## 12 Les nouvelles expériences

A.  (Réponses individuelles)
B.  Prendre la récré avec d'autres classes :
    1. (Réponse individuelle)
    2. Ne pas aller ; Jouer gentiment avec
    Faire tes devoirs :
    1. (Réponse individuelle)
    2. Faire ; à l'heure

## 13 Aider les autres

A.  1. un enfant
    2. une personne âgée
    3. un adulte
B.

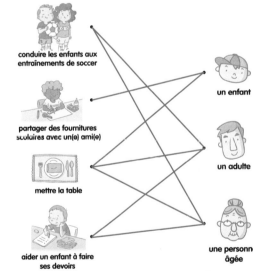

conduire les enfants aux entraînements de soccer
partager des fournitures scolaires avec un(e) ami(e)
mettre la table
aider un enfant à faire ses devoirs
un enfant
un adulte
une personne âgée

C.  (Réponse individuelle)

## 14 Ma maison

A.  (Réponses et coloriages individuels)
B.  1. (Réponse individuelle)

2.

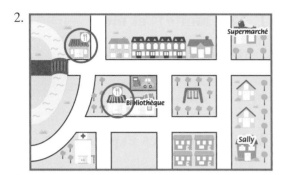

3.

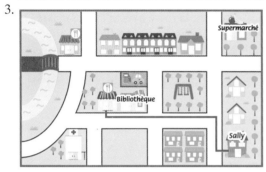

4. (Réponse individuelle)
5. (Dessin individuel)

## 15 **La nature autour de moi**

A. (Réponses suggérées)

B.

(Réponse individuelle)

## 16 **Ma communauté locale**

A. 1. B
   2. H
   3. I
   4. F

B. 1. Marché des fermiers, Boucher, Supermarché
   2. (Réponses individuelles)

## 17 **Les travailleurs communautaires**

A.

B.
1. <u>b r i g a d i e r</u> scolaire
2. <u>c h a u f f e u r</u>
3. <u>p r o f e s s e u r e</u>
4. <u>d i r e c t e u r</u>
5. <u>c o n c i e r g e</u>
6. <u>b i b l i o t h é c a i r e</u>
7. <u>e n t r a î n e u r</u>

## 18  Aider ma communauté

A.

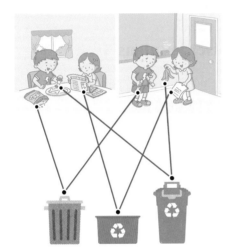

B.

1. nettoyage ; propre
2. Faire don de ; une association caritative

## 19  Les personnes et leur communauté

A.  sale ; ravageurs ; travail ; dangereux ;
(Réponse individuelle)
B.  Impacts positifs : faire des achats ; des entreprises ;
plus
Impacts négatifs : animaux ; verdure ; moins de
(Réponse individuelle)

## 20  Les changements communautaires

A.  1. (Réponses suggérées)
Il y a plus de maisons. ; Il y a plus de verdure
dans la communauté. ; Il y a de nouvelles
entreprises dans la communauté.
2. (Réponse suggérée)
Il y a plus de maisons, ce qui veut dire que
plus de personnes peuvent vivre dans la
communauté. Le supermarché et le restaurant
fournissent aux gens un endroit pour faire des
courses et pour s'amuser, tandis que le parc
fournit aux enfants un endroit où ils peuvent
jouer.
B.  1. Jour 1 : 8
Jour 2 : 9
Jour 3 : 7
Jour 4 : 12
2. Jour 4 ; parce qu'on a planté plus d'arbres que
n'importe quel autre jour
3. (Réponse suggérée)
B
4. (Réponse suggérée)
Les arbres sont aussi bons pour les animaux
parce qu'ils donnent aux animaux un endroit
à vivre.

## 21  Les zones dans la communauté

A.  1. résidentielle
2. commerciale
3. de circulation routière
4. de loisirs

B.

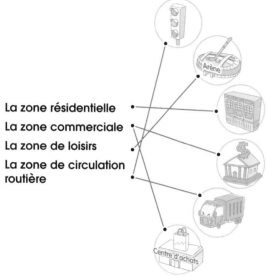

La zone résidentielle

La zone commerciale

La zone de loisirs

La zone de circulation routière

C.    (Réponses individuelles)

## 22  Trouver les endroits

A.    1. descendre
       2. monter
       3. près
       4. loin
       5. traverser
       6. à gauche
       7. à droite
       8. à côté de

B.    gauche ; gauche ; droite

C.

       1. loin
       2. près
       3. gauche
       4. droite

5.

## 23  Utiliser les plans

A.    1. ⌂ maison ; ⎚ parc
       2. (Dessins suggérés)

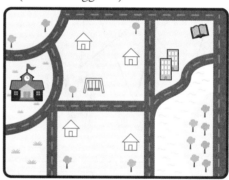

       3. (Coloriage et réponse individuels)

B.    1. 9 ; 12
       2. 1
       3. monter ; 2
       4. descendre un carré

## 24  Les fonctionnaires

A.    1. H ; W
       2. A ; S
       3. E ; P
       4. B ; R

5.

B.  (Réponse suggérée)
Nous pouvons soigneusement emballer nos verres cassés dans des couches de journaux pour assurer que les surfaces coupantes ne sortent pas des sacs à ordures et ne blessent pas les éboueurs.

## 1 Mon corps

A.  le doigt          la tête
    le bras          le menton
    le dos           le coude
    la jambe         la main
    le pied          le genou
                     l'orteil

B.
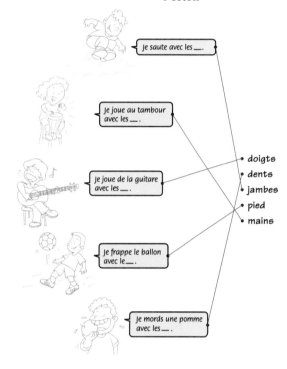

## 2 Les cinq sens

A.  l'œil ;

    l'oreille ;

    le nez ;

    la langue ;

    la peau ;

B.  1. odorat          2. nez
    3. vue             4. yeux
    5. toucher         6. peau
    7. ouïe            8. oreilles
    9. goût            10. langue

## 3 Nos sens en action

A.  1.

    2.

    3.

    4.

    5.

B.  Un citron : voir, toucher, sentir, goûter
    Une cloche : voir, entendre, toucher
    Un arc-en-ciel : voir

C.  1. A, B, F          2. C, D, E

## 4 Les êtres vivants et leur croissance

A.  1.

2.

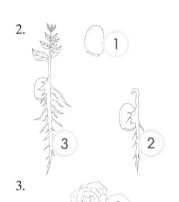

3.

4.

B.

## 5 Les besoins des êtres vivants

A. 1. C, D, E, I      2. B, F
     3. A, G, H

B. 1. air      2. eau
     3. air      4. nourriture
     5. eau      6. nourriture

## 6 Les êtres vivants et leurs façons de bouger

A. 1. grimper      2. sauter
     3. se balancer      4. glisser
     5. galoper      6. voler
     7. plonger

B. 1. rebondir      2. lancer
     3. se balancer      4. plonger
     5. rouler

## 7 Les motifs sur les êtres vivants

A. 1.    ; le poisson

2.   ; la tortue

3.   ; la feuille

4.   ; la fleur

5.   ; l'ananas

6.    ; l'abeille

B.  les taches : E, G
    les anneaux : C, D
    la spirale : F, H
    les rayures : A, B

## 8  L'alimentation saine

A.  Produits céréaliers : B, D, G, I, K, L
    Légumes et fruits : A, C, J, M
    Lait et substituts : H, N, O
    Viande et substituts : E, F

B.  1. 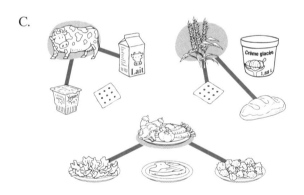 ; Le jus

    2. ; Le craquelin

    3. ; Les fruits frais

C.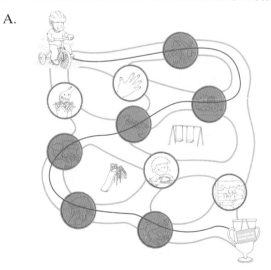

## 9  La sécurité et l'alimentation saine

A.

B.  1. B            2. E
    3. A            4. D
    5. C            6. F

## 10  Les objets et les matériaux

A.  Colorie 1, 5 : bleu
    Colorie 2, 6 : jaune
    Colorie 3, 8 : vert
    Colorie 4, 7 : brun

B.  1. dur          2. lourd
    3. rugueux      4. foncé
    5. brillant

C.  le ciment ; le verre ; le bois

## 11  Les matériaux qui s'assemblent

A.  Colorie les feuilles de papier avec les mots : du mortier, un fil, de la colle, un clou, un bouton, une fermeture éclair

B.  1. D            2. B
    3. E            4. F
    5. C            6. A

## 12  Les matériaux qui changent

A.  1.

    2.

    3.

    4.

5.

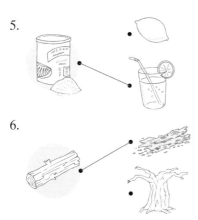

6.

B.  Projet 1 : A ; collant, mouillé
    Projet 2 : A, D ; liquide, baveux
    Projet 3 : A, B, C, D ; épais, mou

## 13 Réutiliser et recycler

A.  Papier : G, H, I
    Aluminium : A, D, J
    Verre : B, F
    Plastique : C, E, K

B.

C.  (Dessins individuels)

## 14 L'énergie et le soleil

A.  1. soleil
    2. voitures
    3. voiliers
    4. plantes
    5. aliments
    6. corps
    7. soleil
    8. Terre

B.

## 15 L'énergie et la nourriture

A.

B.  herbe ; sauterelle ; renard ; lion
C.  de la plus petite à la plus grande : B ; D ; E ; A ; C

## 16 L'utilisation intelligente de l'énergie

A.  1. le bois          2. l'essence
    3. l'électricité    4. le vent
    5. le soleil
B.  1. l'ouïe           2. le toucher
    3. la vue
C.

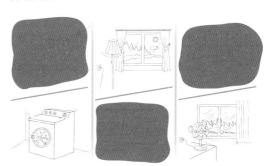

## 17 Les structures autour de nous

A.

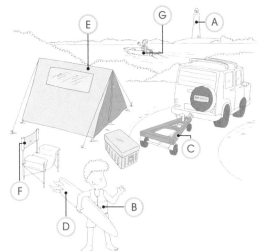

B. 1. Colorie en jaune ; le rectangle
2. Colorie en bleu ; le triangle
3. Colorie en orange ; le cercle

C. 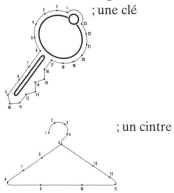 ; une clé

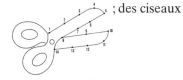 ; un cintre

; des ciseaux

## 18 Les structures naturelles

A. 1. A
2. C
3. B
4. E
5. F
6. D

B. A : un barrage de castors
B : une toile d'araignée
C : un rayon de miel

C. A ; D ; B ; C

## 19 L'ensemble des structures

A. 1.

2.

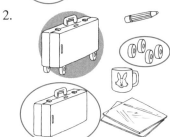

3.

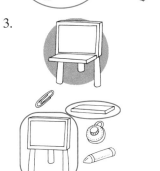

4.

5.

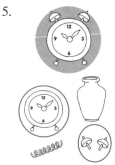

B. A, B, D, E, G, J, K, L

## 20 Le jour et la nuit

A.  1.

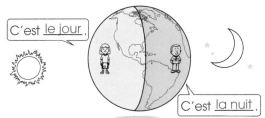

2.

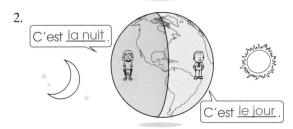

B.  1. A
    2. B
C.  A ; C ; B


## 21 Les saisons

A.  L'été :     Travailler : B, D
                Jouer : Q, R
    L'hiver :   Travailler : A, C
                Jouer : P, S
B.

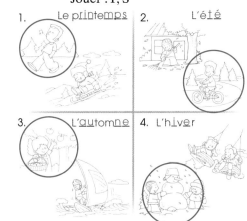

C.  (Réponses individuelles)


## 22 Les plantes tout au long des saisons

A.  1. L'hiver
    2. Le printemps
    3. L'automne
    4. L'été

---

B.  1. Colorie la feuille en vert.
    2. Colorie la feuille en rouge, en brun, en jaune ou en orange.

C.

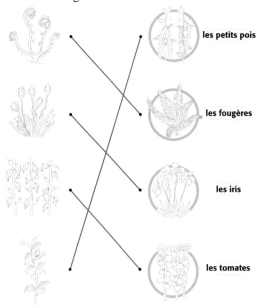

les petits pois

les fougères

les iris

les tomates


## 23 Les animaux tout au long des saisons

A.  1. l'hiver
    2. l'automne
    3. l'été
    4. l'hiver
    5. l'automne
    6. le printemps
B.  1. B
    2. C
    3. A
C.  L'hiver


## 24 Les animaux nocturnes

A.

B. 1.

2.

3.

4.